2023
WORD SEARCH

This Book Belongs To:

_____

_____

_____

```
Z Z Z C F G B Q R M D X Z C T G X R
A B N W N G N E E M B L H D N I M I
T N A T R O P M I F B E L K E X F V
T E P F L V U M F K A Q N U C B T O
B B F B A N S T S P B N E U I S F I
W U O O U B C D O A N F X K F U B C
V L W D O D V P R R X L V L I R S E
C O C M D S I D Z B E Y R V N P J L
W U B C S I A R S B I P J O G R M E
Z S U D B J A L E S T X U Z A I U S
F C T V J G N R Q F E V P S M S C S
U W W Z Q T N Z F J U F C S S E E W
C H I E F P K I Z A L L N O T K C P
J A D K U U W P K R U F M O O M B T
D P V G F B M K O C Q G M Q C I N T
O U M N S Z N U I K A N I H C A I Z
F K D W L L K N L F U L E P U L W U
Z E W G K C O D X C X V P A V C H P
```

AFRAID	CLAIM	FLY	NEBULOUS
BOMB	CONFESS	IMPORTANT	OIL
CHEAP	DIREFUL	JAR	SUPER
CHIEF	DOCK	LACKING	SURPRISE
CHIN	DRAB	MAGNIFICENT	VOICELESS

1

```
X A R N D R E M D N S H J D K F E P
N A S U E A L A K E O T T A Q U Q J
N H X I T E F W A N L E H P H E I Z
F E D R S O R F J O I F P Q I L Y O
E K V O E Q R U G K D V A L N T O E
E E O O T R T O T Q T O P I T G Q S
M H W H E A T J G A O L P U G X U A
Y G E M S A L C K T I P N Z B K O P
U A I X T A K C L B Y N I J E G L P
E N D O Z J M B A J K S I L B Z O L
D V P I F Y B L H V B F B M Q P M I
I R A W L W N N C Q H I D H I Z D A
C Z C L F O G I B J S R M G D P N N
R O P K S R H X H S G D S F I V A C
G S K E Q A K M E S E M E S P A M E
X O L A V S R C E G S C J E W L M I
T A E R T O C K W Z O X D J R J O J
C R V Z L A T S I W Z T D M U V C K
```

ACCESSIBLE	FUEL	NUTTY	SHINY
APPLIANCE	HOLIDAY	OVEN	SLAVE
CHALK	LAKE	PIGS	SOLID
COMMAND	MINIATURE	POTATO	TESTED
DEER	NIPPY	REMIND	TREAT

2

```
G I X P I P W W B D F U T N A I G P
E X R E H T I O L E U N T B K B Z Y
C H V R V N D I S L I K E G A E G T
O R I M U E P U A G C N R U L N D T
N E I I X D V I M H Q I V I E E K O
O T F T W N X M B M X E M B C A A N
M T N S T E S V I D A S J A S B G K
I A N M W P N Z T A V T Y F P R K U
C M V T B E E S I V O P E E R U Z J
K A U H X D E K O I M X R H X P O A
G E K U G K R G U M W U F O G T L A
W J K O C N G Z S C S G D D S C G E
B F C R O W D E D P E U U H B E C I
M O R Q F O L F U N T N K J B B R X
U Q I Q O H P H G C N L T Z Q W A X
O P P I I D R C R A T E G R O O D X
C W A G J C V S S D I S T A N C E S
V M H M O E M O C N I P M W X A V F
```

ABRUPT	DECAY	ECONOMIC	MATE
AMBITIOUS	DEPENDENT	GIANT	MATTER
CENT	DISLIKE	GREEN	PERMIT
CRATE	DISTANCE	INCOME	PROSE
CROWDED	DOOR	KNOTTY	SMILE

```
R S F M M V Q X Z T D N H I R S U R
T I I A Q U X J R J Z F U M I K I L
W L G W E I Z R E F A E G G I D H F
L E W E U D S E H N F P L L Z E N T
P N N D H S S G T I X Y Y R F C C N
B T F Z A I C I A F R T M I E G U A
B E L L I Q V T F L O K D Q I K I D
D F G M S J J B D E O B R T R I G N
E T N Z N E H P N H M G C M A L N U
L M E U V E U I A F Y P P E T I O D
I A D L R D W U R T X D J C E V R E
C T S S L S K R G T N I A F A R A R
A C N R T I F A V M V X A V C T N H
T H I A A T N U E A T I D Z O W T N
E U R M T I R G I U T W G I E X D B
P I M P N T W G S T Q Z U E N X D Q
E X Q D J J P O S S E S S I V E J L
C I C T I C L U F R E W O P M P Q L
```

DELICATE	IGNORANT	QUEEN	STAR
ELFIN	IRATE	REDUNDANT	TELLING
FAINT	MATCH	ROOMY	TIGER
GLASS	POSSESSIVE	SILENT	TYPE
GRANDFATHER	POWERFUL	SQUEAK	UGLY

```
O Y K J W D S N L S F A C E I F G Z
R D X G D V W L W A U Z K Q Q L P S
B A T N E U Q E R F F J E D K E S V
W E R B L G R I R S I P R A X S N V
G T G W E R D A H A J N T D T H A W
C S W F A A B F C J E T I B C N I Z
L M B Z F Q V P C K I O I U W A U Y
K A I S Z D D F O U P B T S H T I R
B B M C E F U R J Y P D D E A N E T
M R Z A M R B G I P Q U Y C S L K L
R T L R A T J U F P P M K E A A Q A
W A A Y L I X T U O K L C C O O F P
S F E H Z F D T W L E T I H M K D W
T T S Y W N J U N S U T N W A N X Z
E W G X E K B R E V I C A E E V O F
A A S Q B S N A W L O S P O R V X J
O I Z F C Q O L O N R P E O C H T V
R E P O R T A P B I Q Z D P E X R F
```

BIZARRE	FACE	GUTTURAL	POLITICAL
BROKEN	FAT	INSECT	REPORT
CAT	FIT	LAME	SCARY
CREAM	FLESH	PALTRY	SLOPPY
EYES	FREQUENT	PANICKY	STEADY

```
V V G L G N I N I A T R E T N E T F
I P O W D E R Q D R A E P P A S I D
N S O Q D E A W Y T T A R T O A D C
T U N U F L T R Z D F R S X H A N V
E J M E X I W L E T U C H H M Q H C
R H Z S K B L N P A T H E T I C M H
E W J T E S Q J V E C R O F P P X O
S T T I M A B A S H E D D T C H R Q
T F Q O D H K Z S W S M O E K U X H
I L J N N I P X G G E M S P N C H R
N I J A T R F L O E N D C B F U A W
G A N B V V U F T H J U D S I S X P
D F P L B D M I I S U H G U X H N E
E M B E M D N G V C D L H S Q I O M
A W Z B L G T C A U U P L E I O Q I
B G O S X X I B P S W L K R R N E E
E C A P S I L A B E L X T I B B A R
L A C I S I A D A K C A L H R M C I
```

ABASHED
CUSHION
CUTE
DIFFICULT
DISAPPEAR

ENTERTAINING
FORCE
GUN
INTERESTING
LABEL

LACKADAISICAL
MEETING
PATHETIC
POWDER
QUESTIONABLE

RABBIT
RATTY
RUN
SPACE
TOAD

```
O Q T Z R G L L R T M O R N I N G C
G L I G C M G F P Q L A F U V Y J K
W J L T R H L N V G G W E D F T F H
B T U L A A E L O S P Z P I I E Z S
D U D B S M J S E L B U T G A T Q I
N L D H D X U E N S M N U R I T S W
A A Y I D E U C I B E F L P R S U U
L R D K E D F I K D M E O A E R Q F
S U L O R K C I I F S L I U B B Z Z
I T E Q E S V I P S A L G N I H R N
G A I F T U B M K X H S I N A V E N
A N W O T O E D N N E E U P D V J O
S N N W A L J N H A I N C L U D E X
O U U I C L B W Q T H X P W Z A C V
F W Q G S A D G N I G A M A D I T K
D O D K U C U X P U N E F Z D A I N
S W I M G C O K J W D Z E A B D M Z
A G M S E C R E T K E F Q I G D I Q
```

AMUCK	GUESS	MORNING	TRAIL
CALLOUS	IDENTIFY	REJECT	UNNATURAL
DAMAGING	INCLUDE	SCATTERED	UNWIELDY
FEARLESS	ISLAND	SECRET	VANISH
FLASHY	LONG	SWIM	WISH

7

```
L Z W J K I B E E F K E Q U E U E B
A N B I T S T S L N A R R O W Z I E
C T I E G N Q L A D U V K R O Q S U
E Z P S D W F F V A C S U S J S D Q
S A W C H A N V D Z U D B J S Z O S
U F T Q C A R O N S G P Y V R U C E
K W A T J F K K I O A A A I T X I T
G G D F P J L E G T I V G G K X W O
L D Q I L F L R H H A T O O E Q V R
D T B G V T C N V L K L A G Y R P G
I S A L E I Z B L L Z Z E T N I Q D
M B F U G L D F X V V T W R S I X I
P U W E B B C E I M O R J C E J C I
F L H H C A E R P H U B O R I N G W
H V I D S D N E I R F X D A I M G C
O K H V E R A C S D S N I A R T S F
C J L T B C I D B S E H C P L F X I
O L U F S S E C C U S A O T Q V H M
```

BEEF	DIVIDE	NARROW	SCARE
BIT	FRIENDS	PAGE	SHAKE
BORING	GLUE	PREACH	STATION
CURVY	GROTESQUE	QUEUE	SUCCESSFUL
DARK	KEY	RELATION	TRAINS

8

```
W Y V U Z A R A V F I Q P D I K D E
F T L U U A S X S X J C T E M Z M A
G S L D D P C U C E O O K L J W D R
Z E E I I A P O V M B L K U X X E O
M T A R B E N I P S C W A F G L S F
X T I T R S F L T S V S M T J M R P
E N G B C V A L M H C W Z H A T E L
G D V I H I O E T I P O E G T H V A
B E O D N W K R T L U A I I V N O Y
M U T E W C A S U A Z E R R L F C G
S I J G T E U F C Q I A X T U B K R
X X E C U O P R A G S C F B Y A N O
T T R T C L L G L I G L E V X Z T U
D M G A E E R S U Q Z C J R V O V N
N E K H K A P Z W Z K Z B I P J F D
S U P K H P U M A R B L E J V P N T
C I P Q F R B R O T H E R T U Z A M
R A P P E A R S R R E A C T I O N S
```

ACOUSTICS	COMPLAIN	LOW	REACTION
APPEAR	CONSCIOUS	MARBLE	RIGHTFUL
APPRECIATE	EARTH	PARTY	SUPERB
ASPIRING	FIVE	PLAYGROUND	TESTY
BROTHER	HELPFUL	RADIATE	VERSED

B Z Z K P V G S G T S U O V R E N N
U M G E L B A T P E C C A D U L K O
V L S V S A L H C R A E S L Z Z S O
U N B S E Q T G U L F X V V T V T M
M H M U P M A A W Z A T V F W H I I
A T B A A T G D K V H U U W N M M I
L D S E E R Q E X G E A L D E L U C
O R H G E T B Q I E T I W O T A L B
K O W E X J E E M B Q O L Q H T A A
G C X D O B W A Z U N S R Q G I T S
K E G L K C T L I K T W X R I P I B
K R L F E Q S L X F W Z B H R S N S
A Y S L E J L S P U T U W Z F O G H
W O A G D X F T I P M T I G S H L R
U E T E P M O C C K T V K W Z I V K
P P N X G K P A N C A K E P B J G Q
S T P O N K U T V C S V I E Q Z P P
U F H T W O R G M E J B O R D E R E

ACCEPTABLE	GATE	MOON	SEARCH
AGREE	GROWTH	NERVOUS	STIMULATING
BORDER	HOSPITAL	PANCAKE	TAME
COMPETE	JOLLY	QUILL	VEIL
FRIGHTEN	KISS	RECORD	WEIGHT

```
I C K E H Z H S A S R B T U I L B H
K H N Z Z G N S C S W J U R D H T Z
R G P J J J L A C U C R I L U S D A
D D L M M N J N A B X E K I B R A P
H E E E T N J G V T W P I S S J D B
R T A L O G E E E R S R V K V M J R
P S S O O V Z R T A U E Q E T D O E
Z U E D N E I K N C O S L S S N I R
S G E I J C S K Q T R E V Z A E N O
L S T C U H M W N S T N M U V M I B
F I G K E A N F U U S T F V I I N A
G D J L T N L M S A A A F U V J G L
K W J L A G T E U M S T V N F T B B
R G R P D E R T B R I I X S P A R W
O E K X E G H S F M D V W U L D K X
V H N T S I L Y C P R E W P C H H H
K O C H Z B O S J L M H I G C X M M
Z L N V Z P X H H V E D T B T J S D
```

ADJOINING	DISASTROUS	MEND	SUBTRACT
ANGER	DISGUSTED	PLEASE	SUN
BULB	LABORER	REPRESENTATIVE	SYSTEM
CAVE	LIST	SEDATE	VAST
CHANGE	MELODIC	SIZE	WRAP

```
W B M W C U X M E L B I S S O P M I
X X W T A Q M P B K J S A I L X H Q
L K Y P O U T W D A I G M Z R U X P
A U N P O O S D Z Z D A I L I L E C
U O K N M H T I E S K X T P G U W B
G K W V E U P H D S M K H Z X F M X
H E B B T Z R Z S E S O Z Z J N M Q
A Y D R Q A T G I O S E G O X I H Q
B M T C I O L I I U M T R G G A D Z
L B W I W J N V N F Q E R P Y G D S
E I S D R K H R D Y G L T O M K Q T
X O J S W O V E K R H A Z S Y I B T
X D J B T R H M R Q A E Z I Q T Z D
R R A V W X H T O Z L U K D I W C I
T C N I T S I D U M I Q G E G M B B
X X J N V M X L A A G S L D C O K N
E S Z I X U K K X O F S H Z D V Z F
K P I R T D I J U D I C I O U S Z A
```

AUTHORITY	GRUMPY	JUDICIOUS	SQUEAL
DESTROY	GUARD	LAUGHABLE	TINY
DISTINCT	HOP	MOM	TOOTHSOME
GAINFUL	IMPOSSIBLE	SIDE	TRIP
GIRL	IMPRESS	SMOGGY	ZIP

12

```
K W U F A T T A C K S O R W V T X G
K P H P P X A A V U F N K G A E J A
A D E G D E L W O N K B W U V V G L
S C N B Q A R I B J F N M R O F D R
A H T L X V R P L A N T A T I O N E
V F N O Z U A U P L D F X E S X A F
O J L W C F X V E A O V G Z P E N G
I W V L U U B E L I N M N C E A I S
D H N Y E C N E U L F N I H L C A S
K Q I G D E E M R U R I T Q L I R E
J P O J H J A T S B W A I S O E D L
D G J N T C L C G V K B C L U D M T
R L U O C C E B F Z T A X Z M E Z H
D G H I U P R B T K R H E B L F U G
H T K K D C T Z H E C O P P E R V U
I G A L D E F V D M K G R Q F R B O
F C H J S U B M C I T S I L O H S H
P B J T B M F A M I L I A R P J E T
```

ALERT	DRAIN	GUIDE	LOWLY
ATTACK	EXCITING	HOLISTIC	PLANTATION
AVOID	FAMILIAR	INFLUENCE	SCARED
COPPER	FAX	JOIN	SPELL
CURIOUS	FORM	KNOWLEDGE	THOUGHTLESS

13

```
E C L O I S T E R E D P S E J B J N
G U T C E F R E P J P F C K C A C S
W O P E D P W P N H A S R I O V B
F C K S S U B H E Q E C K L I B K S
X R F B K B Y A P U C U E U S C B
X R K C C C D G G V H A F R M G O F
R E C M M R I V E Q Q G O O P N H D
E D U L T J A T S J L A U S X I S T
V R R U I L W Z G K H T R R W K U M
I U T N R X T G Y W C N A E T A N B
A M H N M P F U E N V V U N U T B E
N L D R A C O N I A N A W N M S B B
N U C N E C E S S A R Y Q I W N D M
F Z K X X P T R A M P D N D G I G V
G N K A Z H T B I A B R A J B A F S
P C J I K E T A N U T R O F M P P J
I C C H L Z A U R U G N I T L A H U
K K L G V F B W L L X K M T O Y S A
```

CLOISTERED FOUR NECESSARY SHOCK

CRAZY HALTING PAINSTAKING TICK

DINNER JAIL PEACE TOYS

DRACONIAN MURDER PERFECT TRAMP

FORTUNATE NAIVE RAY TRUCK

```
L D C O H G L A N G I S T K W A X O
H J V E C Q F E V O S W J N H A X V
T X C R Y P Q I V T H X M W Z A V L
Y C I P S I Q M G I B A H B B K Q G
D E S D R U J M P C S I H I U P J G
J T Q W O L A I O O A I F E N C E C
K L E S O U B N I M S L C P B L T B
M K J S E L C E S C U C E E Z V R
A Z D D I F F N O U F P O N D A Q M
G H R D G A P T N A L H Q J D O P U
E E S H R K R K A K O R S O I A J S
W F G B D N L V O K W C J I Z L R H
M U O L D P R T S G E M M K M A U Y
T K E L D D L O N P R K U J F A N P
E N O W O I R Y C S U O I R O L G X
H F J Z D L I J R P A J T F A B I H
E K F R A G I L E F O B M F A D E Q
N V I Y E L L O W H L P M X G D V T
```

CALENDAR   FLOW   GLORIOUS   RAISE
CRY   FLOWER   IMMINENT   SIGNAL
DECISIVE   FOLD   MUSHY   SPICY
FADE   FRAGILE   POISON   TUG
FENCE   FRY   POPCORN   YELLOW

```
M L B V H R D H S E A R L Y X X L J
E U J G J U F W I R E E G Z K B J K
V F M H I T N E B X S L X S M S E C
I H W V M F O V W J Q Z N W U N Q B
S T U O A G C R P I M V S A R I D Q
S U E R X D B S P E G R O A D T N S
E O C S S S V A R I O U S K G K D L
R Y N L T T W R G H D Q L C T V C O
G T E I G M Z U S W P U S S D X B C
G X I A L W B A J F Q M Z H W X V E
A E C H A T M N A T F Z N L I O Q A
E U S R F S L F C U L T U R E D X N
I I N A S I M E N Q A M V T E O U I
F A Q E Z V L N M O U M K O H P N C
C L H J X Z Y K T E N Z L C Z F A L
R C A N X N E R O B O F P X O E D J
X T F G G Z A H E A D I P T N S U I
I E F E P A R S I M O N I O U S U F
```

AGGRESSIVE	EARLY	OCEANIC	TORPID
AHEAD	FEW	PARSIMONIOUS	VARIOUS
CHESS	FLAG	SCIENCE	WARN
CULTURED	FUNNY	SMASH	WIRE
DRUM	MELT	SOCK	YOUTHFUL

```
N V V O L M X O E T R I C K Y A C M
T U M O A T G L L Y Q T K F J E I D
J S V T P O J K U R E V W P B D T S
V O K W U X N O A L L C R W B E S Z
Z K Z B C N M E A A G E Y T G I I Q
S A F N Z R P X P G S S K E N R L B
S R E T S I S P I E A Q A O I R A L
K D W A A Z R C R E Q S W K R O I U
R X B D F O O V R N W S P D E W R S
F P B D V M E G Q R G N E E D M E H
E T R E U Q I Q I J E X N V N R T I
N Q O O T A F S C K T A A U A B A M
T A X N K J U G I B S X D R W F M U
E U O C K O O O H G I E W Y D H P U
R U K K I D L G S F X W R L E D I W
W P K X S T S E V X T T M K A U H U
L O N L W I E A W T N A V R E S U O
R A J P S N V U G S T A G S F N J M
```

ANXIOUS	EYE	PRESERVE	VEST
APPROVE	GREASY	READY	WANDERING
BLUSH	KNOT	SERVANT	WEIGH
DOG	MATERIALISTIC	SISTERS	WIDE
ENTER	PEAR	TRICKY	WORRIED

```
U W I O E D N I B C J T R D L O C P
R L O B C B D Z I A B R C B K D F G
V H X O W L L W R D L R X N W O R D
N T L R M B I U H J Z F O M X I W T
Q C U A N R D C J U D A M M Q W W B
C N N T A L J I S P X L P A O F O
S N N G M K O V M T G L C I R L C M
A V W E R E B Q D M Z I W D W D I R
I C G M C O W P G E T T E F W B Z E
E J R C U C N M M N L Y R I C A L P
H A F I T X E E A T M I L K Y D F R
U N B C D G S M L J D E T F I G D O
S B L T B S O M P J E C U O C E O D
H A O R U R X W B K L G V I I X N U
E J L P W J K R X M T M D R S B U C
D W L W L O O H C S N N R O N A X E
C S H R I L L B M A P U K J N G P I
E E T N A R A U G S H T O U G H Z N
```

ACRID

ADJUSTMENT

BRAKE

DAM

DROWN

GIFTED

GUARANTEE

HURRIED

HUSHED

LYRICAL

MESS UP

MILKY

OLD

ORANGE

REPRODUCE

ROMANTIC

SCHOOL

SHRILL

TOUGH

WORD

```
K E B Z L J J H T A N G Y Q H D G X
J G Q S R R R E S P E C T M E N H I
A R O S P O T S N O N X X B H I A S
K A J E Q Z T C I T S I L P M I S M
W N W L H R U O X S M O O T H D B V
D R V R E R E A D O R A B L E X A K
D W X E I C O L Q U L X D O X L W X
E W S B X N K N Y H G S P P W Z A V
L L T M P W D X A G N U O B K N A D
I B Z U K W A T G A A O L C F V D C
C K G N X V D H R O B M Z W F P L X
I D E B Q S F G T X F A H M M O U F
O A G R E E M E N T D F C G S Z O C
U V A A Y T H G U A N E F E M N J W
S U E R M N A K M V Z I D P W G F V
A J Z G W E L B A T E G E V G Q B W
O A L I O C D Z H E L B B I R C S D
K N J Q A D P P V C O Q G I D D Y X
```

ADORABLE

AGREEMENT

BANG

CLOSED

COIL

DELICIOUS

GIDDY

INFAMOUS

NAUGHTY

NONSTOP

NUMBERLESS

RELY

RESPECT

SCRIBBLE

SIMPLISTIC

SMOOTH

TANGY

THAW

TREES

VEGETABLE

```
K P Q I B P Q U N E Q U A L V J Q M
W Y L N A M O W Z B E L A W M B X F
W H Q N Z B R G L O W R Q V I M Z M
X D S D W Q L U F R A E F N X T C X
T X V T I I T N E M P O L E V E D V
O D D Z C U L N Z S D E L B M U J L
M U O E C A P D H R K O A C B D B F
S K N J Y Z R A E Z R L M H M O R O
S S M R W E R T R R L R N O I T A N
X N E T U E E C T B N L M I H P B C
V F O L G L U U A A O E U N C L E R
G N Z G D D Y B L T K P S S S Q W U U
R N V A D E I J D B V U J S M X I G
E Z W L M E E L N S P S N M D T L S
A V Y N S W R N H Z M J W G I U K D
S O M S W J J V N O A C O L I S J U
E U P J N O K T S H T D R F C K T R
A J O F K V T H R A H S C N H A G H
```

ATTRACT	DEVELOPMENT	MIST	UNCLE
BABIES	FEARFUL	NATION	UNEQUAL
BLUE-EYED	GLOW	NEEDLESS	UNRULY
CROWN	GREASE	SHARE	WILDERNESS
CUDDLY	JUMBLED	TOWN	WOMANLY

G	E	S	T	B	L	U	C	K	Y	E	O	H	H	I	F	P	P
U	H	P	U	V	J	X	F	H	C	N	U	L	A	V	F	G	C
N	F	S	K	A	I	A	F	P	X	W	X	I	D	N	L	I	J
D	E	U	N	S	M	Z	W	W	X	E	R	U	D	F	P	S	B
E	B	U	L	O	L	U	F	T	H	G	I	L	E	D	W	U	A
G	M	O	N	R	A	E	N	D	U	R	A	B	L	E	P	J	W
G	Q	L	N	D	Y	T	K	L	D	D	O	D	L	N	O	L	X
A	B	G	R	S	R	A	C	T	S	X	D	T	C	R	H	P	M
J	K	E	M	R	I	E	O	H	L	W	E	E	K	B	S	I	L
P	A	U	N	B	G	A	S	N	A	R	V	R	E	P	P	A	D
V	L	S	T	E	Z	N	Q	S	I	N	G	L	I	Q	H	Q	I
C	O	Z	E	L	F	I	I	N	Q	S	G	L	U	I	W	F	N
P	U	Z	M	I	S	I	G	D	N	H	L	E	K	C	Z	D	R
R	E	E	F	Z	R	N	C	I	N	I	F	H	A	Z	R	Q	A
H	R	E	Q	U	N	I	F	I	F	A	I	K	H	B	P	S	Y
E	J	D	T	K	R	F	A	P	A	B	T	T	U	M	L	A	W
Q	I	D	D	S	F	H	O	F	F	L	J	S	I	F	F	E	J
S	W	I	F	T	L	M	I	M	P	A	R	T	I	A	L	K	Z

ADD	DELIGHTFUL	JAGGED	STEEP
BENEFICIAL	ENDURABLE	LUCKY	SWELTERING
CHANGEABLE	FAIRIES	LUNCH	SWIFT
CLUMSY	FILL	SNIFF	UNDRESS
DAPPER	IMPARTIAL	STANDING	YARN

```
X C B O G X P N B Q I C F S I V R I
I O L R L E B R V S E H H U H P P V
G N A M E E U T X G L E D O R P P Q
S N T H P A C T J Z M Q I T W D X
V E S F W S K R K G I I C N N C O I
N C F N D C F A A E S C M O I F W N
O T E C G O C S B P K A L M S P N A
I P A J O W U D B L K L M R V M T N
T S U E X L K N R Z E G T A Q K O R
U L H N M M L N R E H I C H T O W U
L O U H C T V E A C H I E V E R N R
L W Q F C T L H C W M T N E N Q D A
O H K W W B U Z K T A J A K E Q F L
P I E O Q A B R H O J H X E F T Z W
O P K S B S Z H E G X Z X F W H P J
E E E S I V D A E N E D O O W A U N
E B S I S E L E C T I O N I G D F U
Q A D E T A L E V V L M A M P R P F
```

ACHIEVER	COLLECT	PARCEL	SELECTION
ADVISE	CONNECT	POLLUTION	SHEEP
AWFUL	DOWNTOWN	PUNCTURE	WEATHER
BREAKABLE	ELATED	RISK	WHIP
CHEMICAL	HARMONIOUS	RURAL	WOODEN

22

```
G B N S U O E G A R T U O C E F L M
C M F F W E M Y H R E O P E Q A U S
L E V V R I V D Z B F C C T Y Y O O
O N P V I R D P D H I A C O O T R U
N J H L D U D B T S P Q R H T I V P
R M O Q M C U A H R M E V O H V E E
O N O R M A L V I J I E W O B I V U
Z E M P N L W C M V L K L I K T Z U
L K I N Q Z I J T U J P S L P C L U
E O K V L O W S F T H P C C Y A C C
W O G I U Z E N H A F D N K L G X B
D H H S I R I T V E N Q A B L L I H
X B X R R A C E V I L A L K A R E T
B Q B A P K M E D I C A L G R D K X
L H V R Z U K V C A A K G A E L P G
L K N I M A G I N A R Y K I I O I E
A B P T C V I O J K G B S E B G X P
B Q W J L V S S A L M I C F V C W G
```

ACTIVITY	GOLD	LEWD	RHYME
ALIVE	HILL	MEDICAL	ROYAL
ARREST	HOOK	NORMAL	SKIRT
BALL	HUM	OUTRAGEOUS	SMELLY
CAPRICIOUS	IMAGINARY	PAINFUL	SOUP

```
E K U N I D H H N Z L Q S Z H O T Q
R E H L X H Y D R A N T D G U T R S
S Z R P G M Q A V T B A E V Q C A T
H I T Q F F U M G A D E E K B B C Z
D R S T Z C R T U N E T C J Q K E R
N O R Z Z H W I I B B A C J S I K C
N M I S Y E Q C G N C C U Q E B E I
P E F T G H G L A H C U S I M O P T
J M S R F R I E N D T D N Q W L E O
N U B B O X G U T A H E I D O A A N
D S T F S I S F U Y A E N O L W A P
K D P T L H U V R T M K S E S S E Y
J R E E V I O D K O G R C I D Z G H
H O N E F D M V E L U K O O V O K W
M G C R Z Z R Z Y P A I A T L E T Z
O A I T D C O O B D O N C E S N I S
K L L S S D N J R C P B Z R W S U B
C T J I T W E J Z U W B B B P I W R P
```

ADHESIVE	FRIEND	PENCIL	SUCCEED
DUSTY	FRIGHTENED	PLOT	TRACE
EDUCATE	HYDRANT	SLOW	TURKEY
ENORMOUS	HYPNOTIC	STORMY	UNLOCK
FIRST	MEMORIZE	STREET	WEAK

```
T E P T Q X A N A U S E A T I N G D
G I C I N X S H C A M O T S S H K X
K T G P V Y F M F G X H G X G R K M
I W C O E F H G N L A K H F W B N B
K Z O S R F D R U I U Q R Q E E O U
G U U N I E S S T X F G T X L I M
V T R P X P G A O Z J E E X N O T F
G M A P O S N H C N A R B R B N I L
K J G O R B A D T Z A M X N A G T E
R B E S R A R W C R U W O P B C E J
Q A O E G K E F L Z X P K H V K P P
N E U B Z H D F H G J L Z Y K N M E
S O S S Y R A R B I L E E S P J O E
S M S Q L D V J K O X H B I O X C P
T I I D S C C A I N E W R C N M T G
M T H U L E S M L H M L A A E G R C
G D M W W O A U H V K G Q L D K U V
T N C B B U N F C G Z D A G J K P M
```

BELONG	DERANGED	NAUSEATING	SPIFFY
BRANCH	HELP	NEW	STOMACH
CAREFUL	LIBRARY	PEEP	SUPPOSE
COMPETITION	MISS	PHYSICAL	TIE
COURAGEOUS	MUG	SEA	ZEBRA

```
C R G W Y J P L R H W M S B O E J S
E A E D R Z P L L C G R Q K U K S I
I A G J C G E K D N A S P U B A A L
F N Q L E N B E Z P K W Q T I C Z G
A N A M M U F M R J L T K X D F Z S
I O I A F N E R S B A O S I V I I O
J Y K W C H X M O C O P O C W E P R
H I W Q D S C D I O I E O F V S X D
T N F E H K U M D P B Q E D W E I
W G T N E S S O E D W Q S R Z Q U D
Q J K D A U R R I H L L S A E K Q T
N Q E B R D S U O C C O O P L K S R
O R N T R C F U A N A I C M I I E D
S P A R K U R T O S T C U O L K U D
W W W X E R X E Q Z O X I C E O T C
I M U E T J K Q C H Q N W F M V A P
H R U O R L I A F G E S I V F H T X
X T C U N Q U A I N T G T D R E S P
```

ANNOYING	DINOSAURS	PIZZAS	SAND
BREEZY	EFFICACIOUS	POOR	SORDID
CAKE	FAIL	QUAINT	SPARK
COLD	FOOL	RED	SPIDERS
COMPARE	HOUR	RUSTIC	STATUESQUE

```
D T Z D T A G O N I Z I N G S G T Z
O B E D I E N T J E S A W D Z R H N
E E P O H S Z B A I G M N I M J I O
M Q E D E Q Z R W W B D M Q T B R Q
N H C I M U N K X M O O R D E B L M
L B A Q L E P N P L A U S I B L E X
A O F F U E U E Q U H A U N T H A G
E Z C N W Z Q E N T N E N I M E T U
R J W I F E H E H P E D F S T A V C
W L G V J W L C R L Z Q N N P I R S
P V H U X C J S W Z A T N U G I S C
A H D I S Q W N N G L X J O X R U J
H R E U T T W Y X Q B P R M O X B P
E M M C Q J Y C P R A O I V K T A B
H Z V B I M A I W A U N A T V V R J
F L I P P R Z U G S H L T D M P K U
U B N B D G P J M Z F D E I N I E G
W I H U D S N T Q Y M M U Y O T E F
```

ABLAZE	FLAVOR	KNEE	REAL
AGONIZING	GUSTY	MUSCLE	SQUEEZE
BEDROOM	HAUNT	OBEDIENT	TIP
EARN	HOPE	PLAUSIBLE	VIGOROUS
EMINENT	JUICY	PRICE	YUMMY

```
K A Q P K B K T Z D S S A R A H V A
N E R Z T E R J T R D C X J M K S I
X F H N E N A M X E O M Q W E W K H
R M R Y Q T V M J T N G Z L C M X A
O A W G R X F E A U K T B F O K Q F
T R R O W E Q B Z M E B K B L E O P
I K E S E K L J N Z Y B R I D G E X
S E J S T L H E V Y O C B J I W O Q
I D O E R Q B P C I P U A X T R H D
V R I L E W M A V D L E G A K O T I
B J C W S C M Q N U I I E W H R H L
E P E A E T P E F I N S K L R A H A
S K C L D E M R Z L A I A L S V P U
I R M F E I E Z G O M T M G D Q N Q
M W B K R E K E K A W A B R R B H S
O Z I Q H W A B A N O O U O E E K K
R H T C T H U N D E R N G B F X E D
P F O L C J A C E L B A R O N O H V
```

AWAKE	DESERT	HONORABLE	REJOICE
BENT	DISAGREE	MARKED	SLEEPY
BRIDGE	DONKEY	MUTE	SQUALID
CELERY	FLAWLESS	OBTAINABLE	THUNDER
CHEERFUL	HARASS	PROMISE	VISITOR

```
T W S R E D N A W C G B Z N Q G X I
U I S M C I M W T H P Y K I P S Q C
Q D E H H A Z J K S G T J B W O D B
C M X T I D K W I O E A H H O O C X
I X L Y C D O E D R H N O E S V I H
H R M H P S S L S O C B W K C E W R
O R M R T V T N L B D L I V X R J X
U S O U L A G R P I H A U E Z L X
U V P O T C C K O N Q D E O L A G M
E I Q R C G A A Q U E E V S T J D
D H O H Q T M Y R J B M Z T K E E E
C H M J K F T G X P G L E A T D Z V
S G N I Z A M A L F E O E Y K Q E E
U U Z Q E B J Q M B F N P D I U E L
R K R M N L E Z C P B S T D C C N O
W U H K Q A U I Q A J G C E Q L S P
Q P B Q F E T B W A L E W K R N Z Z
T Q X I P S V X L F T K D D E W D F
```

AMAZING	DOLL	RHYTHM	SPIKY
BLADE	LAST	ROBIN	SPY
CAKES	MEATY	SEAL	STUPID
CARPENTER	NEST	SHORT	TROUBLED
DEVELOP	OVERRATED	SNEEZE	WANDER

29

```
G I I E B X G L W H B L F J D E N D
C Q E K X S M A U M E S S Y G I I P
P C E H Z D K D W E L A U H B U G K
L R R R U E P A W E K Z L V X F G C
E G G T K S I M Q F L O D A R E W E
L S E V P C F A B C L N Y G C B S P
L H D G A R I N Q C H I L D R E N S
A O R W B I R T B M U X N I A R G V
R E E X O P F B E O F E E T V G V I
A S T B R T V C Z R I A N O B E D G
P V T Q I I P L Q N E F F A R I G O
L F U J G V J P L T S N O R E D F T
A W B L I E V A Y L E V O L H T R T
H P Q Z J N Q U I V E R L F U P B L L
T R S P A O S N D A N A B E D T Z C
S U Y H L C Z D R S F D N H K S D M
S R O O M T C U H P E F L G L F D V
D Q G S B G B T A T S X H V Z N V P
```

ABORIGINAL   DARE   GIRAFFE   PECK
ADAMANT   DEBONAIR   GRAIN   QUIVER
BAN   DEGREE   LOVELY   SHOES
BUTTER   DESCRIPTIVE   MESSY   SNORE
CHILDREN   DRY   PARALLEL   YOKE

30

```
L X N K D B H J J F E X O Q C C N Q
X E L P M O C D O S N C I I S V C S
N Y Z A L Q Z C U P B S N O D Z A P
S D C C S I O O B S D P D U N T E
S H O W N L R D R U I A T A S O E C
R O B H X A T B C X F H W W R Q D T
G L I E B K X E L I H H E L N E I A
Q L A R P P K C W K W R S V O G O C
E G A V P R U I N T E R E S T H U U
P B B W K N O N D E S C R I P T S L
L A G M H W J F F A Q U P V W A X A
I B L U O D G K I T L R M J F G F R
M L J N T A N T H T E C U B B N D J
P I P D Z I A G A F P L J T P B S F
I N O A P S I N E A O Z E D K Q Q J
N E S N D R S R T A R T A U N A H W
G D L E B D M J V T S J A O R G M Z
Z H C H X M J S J M K P J G D C N M
```

ANSWER	INTEREST	NOD	SHOW
BARBAROUS	LAZY	NONDESCRIPT	SPARE
BRIGHT	LIMPING	PINK	SPECTACULAR
COMPLEX	LINE	PREFER	TART
CRUEL	MUNDANE	PROFIT	TEDIOUS

```
M C X K U X H L O U T I S H B V S O
G E N G I V H V X U W L D D R H E X
K I J H R A J X H K C J E E N W E N
P W L O V I N G E S F C P Q E S M O
Z A W K S N A I L K O M M L X P L M
E C N U O N N A R R E O G H R T Y U
A A L V K B X Z A T Q B G H P P E G
L O V Q O U Q T U K D G U E Q W V B
O Z H W G L E J R E O K L A W M G M
U E C N E T S I X E A C T L W L S R
S E S U F E R V E V S X A Z I U F J
P C T G I B T U C I X K S P O P R D
H T U G N I T N A H C N E E C M E K
K R D D P T E P A X H T D D N V B S
O O S A V N A C M C L I P G N Z M D
R S T H R O N E A J H U R V J M U C
H D W N N P R S W E S O R I H S N R
I X I X K E J H O W N H C M S C C E
```

ANNOUNCE · EXISTENCE · LOVING · SNAIL
BIG · HEAL · NUMBER · TEMPER
CANVAS · HIDEOUS · REFUSE · THRONE
DECORATE · INK · ROSE · WALK
ENCHANTING · LOUTISH · SEEMLY · ZEALOUS

```
O E E L W K C N O I S N A P X E P U
T C P P L K F H N G F H U R U E B K
E B L I O M P B A S P T E A E R U Q
R T M O R S W U W X C U G L I E P A
G G R E J G U N S A V T C X T N V G
E C A H P Q A H V A G U E J H I F O
R V X C I T A R R E T R W C R G L V
P S Y C H E D E L I C E R I E A L E
M A A F T E R M A T H S E T A M G R
J T D R E S F V G F U O C N T I W N
B S Y A L E D V Q U Q L K A E M A O
X B Q B E W E D O J A U U G N X U R
N V H C E W E U X C Q T G I I M O I
K X O H C U H B I L H E J G N W H Q
O T C S V D T N C K C X Z J G E M T
E D E R I T Y O K J W D S N V L W G
T E C J G C O J E B D K C U L M A O
E B I Q O U J L D J W B L F P A I Z
```

ACT	DELAY	IMAGINE	RIPE
AFTERMATH	ERRATIC	PEEL	THREATENING
CHEW	EXPANSION	PSYCHEDELIC	TIRED
CROOK	GIGANTIC	REGRET	VAGUE
CYNICAL	GOVERNOR	RESOLUTE	WRECK

P	C	Z	Z	A	I	O	C	J	S	P	B	I	I	J	D	P	K
A	M	Z	X	C	P	J	O	Z	D	I	O	V	I	O	T	R	V
N	X	J	O	P	W	C	P	E	T	D	L	L	S	H	A	P	K
J	O	H	K	K	X	X	A	E	O	U	F	C	I	G	D	N	N
I	D	O	N	I	S	R	F	J	F	I	C	P	L	T	I	W	M
A	J	D	C	H	O	D	J	E	I	N	O	U	J	M	E	P	S
C	W	C	R	A	S	H	T	K	Z	L	V	D	W	R	O	C	T
I	H	N	I	I	X	A	P	T	U	T	U	X	U	U	K	O	A
D	A	U	P	R	R	Q	P	F	O	N	N	Z	R	C	U	P	S
P	O	M	K	G	S	V	E	X	F	M	O	E	J	N	K	O	T
L	A	T	P	X	O	C	L	X	V	Z	A	S	V	M	T	S	E
E	T	I	N	Q	A	J	F	S	G	N	P	T	E	E	R	Z	F
A	V	D	P	E	W	T	D	W	S	K	U	A	O	H	I	A	U
S	O	E	P	A	Q	O	B	S	E	R	V	E	W	E	T	G	L
A	N	R	U	X	S	K	X	B	S	K	T	F	H	K	S	Z	K
N	A	C	W	F	C	T	L	X	J	P	M	V	U	I	C	Q	K
T	Q	J	G	Z	A	J	E	V	A	U	C	W	O	B	O	W	A
K	X	I	R	Z	G	N	I	L	A	E	U	Q	S	S	I	B	D

AD HOC	DEAR	OBSERVE	SQUEALING
BIKE	DUCKS	PASTE	STIR
BITE	EVENT	PEACEFUL	TASTEFUL
CRASH	GRATEFUL	PLEASANT	TOMATOES
CREDIT	NOSE	POLITE	VULGAR

```
V G K K Q V O F G E V D D V W F H J
V A O R R R K N V G K X T C V T C X
S V Q K E R Q I O X G R U F N V I S
L F I A O Q T O G A U G S C P W R U
Z X V B N R H Z H C U G T R A F U O
M P V D U T C O U T U T R O F O E R
Z E A F W Q S L L L A P U H U N T C
Q D A F F Y E A S L O M O O Z B G I
S V J E M N K F T Q O V P E Z U Q D
W T P K T B E K R S E W L G V P R U
R L A L G F A G I M G F R N R D H L
A A O R G K E R P A S K L A S A Z X
T H K N T Z R O P E I Z M R B J C J
H T R T M J E O H T E D N W E I R B
F E M J J I C L B S H Z O G W D N U
U L X K C B N F T D N H T D V W S B
L H H V G S I A C W C P B H P O R T
R I D H N O S A E R L T S E P O G H
```

ANTS	HOLLOW	RANGE	STEAM
CAR	HUNT	REASON	STRIP
DAFFY	LETHAL	RICH	TRUCULENT
FLOOR	LUDICROUS	SINCERE	WRATHFUL
FURTIVE	PEST	START	ZOOM

```
G A E L L S L A G Q C W K Q T E A T
K H R Q V P M C N H E M M W A I I R
B V H J G A B M I B E G M L L E U O
G I J W O R C X O U S H B T D L B S
H X R Q W K C C O Q E O X E H E M K
E I J V R L Q W C N U O C A I W B P
A B I C E I Z M O N E E E S I U Q M
S F Q H L N X W D C R F A B I M B E
T J U E A G F L R P F N R A T C P R
K D I E X T E T L E T M O M R X R S
N I R R G S C J N G L W D I A X X O
Z D K N S E E O D A T B R I D O T A
B P Y T P S C R C C R D A G E O D F
K E O I U K L X I S D R H E C A P I
A H E O B O V O X M X L E S K Q R S
D R N I K A F L K T D T C B S I A H
B O E G Q D E O H S H A L Q A A L Z
X K T T I C K L E J P A Z S J G M Q
```

ABERRANT	CROW	ONE	SPARKLING
ADMIRE	LIKEABLE	PRECEDE	SUIT
BOUNDLESS	MASS	QUIRKY	TICKLE
CHEER	OAFISH	RELAX	TRADE
COOING	OBEISANT	SHOE	USE

```
C S O E F F E C T U X X O K K T X J
P T R D Q Q X T Z B P N P N U N L U I
D J Q K H D G U O R C E W E F L X K
B R F H L G U T O W G W T T P U E U
A F A L A E T F V G W O B V C F D G
S X Q O J F U A S Q J X D H F E C L
N T B N B S Q N Q W V N H A G T D V
B X R Q E G V A W W I A T L H S E N
K S R E S X Z T G K L A H G B A N R
H K S Y A U T I W K Q H I P K W O M
B M D E K M Z C A W E T N H B D D A
M U G R L A M A X X G A G N O Z N N
B J T O A B E L F U F R O A P Q A Y
O M P O X W O N N S N P R K N T B H
J J T B C U E J S P R A C E S N A G
F G T G D L L R B S F S S E R D F P
T N O I T A V R E S B O O Z G A K P
O E L T T E K R C O L B J B H V S E
```

ABANDONED	JOBLESS	PROFUSE	STREAM
BOARD	KETTLE	RACE	TENT
DRESS	KIND	RAT	THING
EFFECT	MANY	REWARD	TOW
FANATICAL	OBSERVATION	SNEAKY	WASTEFUL

```
T H D E Q L X M Z B U P S E T B W Z
J T C E J N I N O I S I C E D C L F
K T T O U C H G L O Q A T F O N K P
F V V R E S B O U Y K V F M F M E S
F I H G O K X E Q R D C B C L Q H G
H K C N W T G Q A R V X M E P M S L
S C G I A C C E X A B R G J B U P R
I A N S C F V O D M A W U L T O T E
M M V R O L W F D I C D R C T Q X H
A I I M N I E L C T C X A S L R H T
E M J E S S D T W X I C T A M W P O
U L O U D Q E A G J D F T B S I L M
Q J L A T J T R Z P E Z R L C V S D
S M V T U X C V F U N O E K F P E Q
X F W A B P I E S J T M Q C I U N G
V R G K V D D Q W R A F F F I G S J
K H M Z C C D W X E L W B L H O E H
E U M X I F A V C M U W K B E N V F
```

ACCIDENTAL	DOCTOR	MOTHER	SQUEAMISH
ADDICTED	ICICLE	PICK	STOP
CACTUS	INJECT	PIES	TOUCH
COMB	LOUD	SENSE	UPSET
DECISION	MARRY	SONG	VOICE

38

```
X Q Z I V S D R B S L I A N S W Q T
T L M N W Z U G R W Q H S A U Q S I
F H R C H O C K J C Q E M P N E R C
X N B S K K H J F Z J A T E P P A
M Q A E P S J F N G E V R R H O R T
U Q T D Z U Y Z V M Q O B D M K U L
D T T I B G P A O G U S N N B S K Z
Z R R B R A M N A S U E D R I O T Q
T D A L Z R U O E O P B U N V M C G
S E C E A E B R R S Q S K O Z N W O
A M T D B K S E U O G N I D L E I Y
Z R I G R V G S U G I F D A E B P H
Q A V B R N Q L B M O O B S D T Q G
V N E D A S C H F P Z A E L D T C K
E U N D C Q T D O M R M R R S V N S
B G N P Z F H D S R W Y T K J K C S
H R Q P X K D T E A D O V J J T G U
G D I S C O V E R F Q U P G W Z C J
```

ARM	DISCOVER	OWN	SUSPEND
ATTRACTIVE	DUCK	SINK	TACIT
BEAD	EAR	SNAILS	TROUSERS
BUMPY	FOAMY	SQUASH	UNARMED
DANGEROUS	INCREDIBLE	SUGAR	YIELDING

```
A H D J Q Z M I T T E N P J Y B A G
L V A S E C M V D C P H K F F I I N
P N I A T N U O M I T O O M S F T I
I Z Q P X E F E I R F L C V I U E M
L V C R Q M U S A C F F J U T V K R
S E P A B B M P K L H W K F A I O A
S N A C N A D L Z E A S M H S V J H
G W H T W M A M M O T H B A I W J C
U I Q I G R R U W G I W T J D A C P
H G X C P J P X Y T J D S H K V Z X
T N H E W Z L L X V E D K C U T E D
F O P L N O P K D D M K E X O P Q U
A R O J R E G V R U P H Z P K R Z F
S E G T R O K A E M C M L W W F I D
B B N H E F U L M M I Z W W N R W E
X O V R T G S Q H N E Y R T N U O C
C G X X E V Z O S C O R C H N B T N
D I T N K M S K K M M U F G Z G C R
```

CHARMING	GUARDED	MITTEN	SCORCH
CHECK	HUG	MOUNTAIN	SLIP
CIRCLE	IGNORE	PRACTICE	TOP
CONTROL	JOKE	REPLY	TWIG
COUNTRY	MAMMOTH	SATISFY	VASE

```
B J J Q A A H Y T T E R P E V U K C
A Z O Y F R M A S D E T N A H C N E
S W Y A W E S C R E E C H I N G H R
T C O R I M F I R G J I D M Z U S G
G Q U P P A T L B H Z T L P W S V R
B L S S I C R D J U Z H B O G Q W G
G A U T B T C D E P N X R L N I X B
U U K C B L I N D B C S K I E U W U
M T V E F F F M K G R P I T D P B N
H E F R M Y K N U H C U M E G J U B
H P L E B J C N Q E Z J T L H U S Y
O R U N Z E E P A C S E H S W G I H
J E B A T R C D V D Q H T D I W N C
W P S B O E W G V L K C O R K D E T
R G R E T T A C S P O Q W H D U S I
D R U M R R N A B T I M D A C L S P
U I C W O O H T Q R P J R P G T X F
U C N F I P F S U O E T H G I R O B
```

ADMIT	DISTURBED	ITCHY	RIGHTEOUS
BLIND	ENCHANTED	JOYOUS	ROCK
BUSINESS	ERECT	PERPETUAL	SCATTER
CAMERA	ESCAPE	PORTER	SCREECHING
CHUNKY	IMPOLITE	PRETTY	SPRAY

```
S Q O C B A Q U U B O M S W T I I C
B T D H M E G C S H H G U O C L B O
S R G D A S X A X P X R R D D L S N
O A N K E C U T T E L H X B D P N D
U N I G M A P X N S W D U B O L P E
X S K O C U Q U I J H R M T B N A M
B P C T L J H R Q V S A T G K R A N
V O O X E B V Z E T E Y D T N B U E
T R H M A B I J N N H K R E I S H D
K T S C N M O D G G W F A L C R O G
X W V K J X J P I M T E L R D Q Q X
A B Z P B F Z O N T A O Z V J B U C
B N C A R T F C E B W C S G R I R R
V W M E P M C B A Y B E A I X K Q E
C I T S A T N A F H C Z E B S F E V
G P I H B M E X W M A F X Q R O P I
V I V A C I O U S M K S V J X E Z R
Z O I Z D Q W D C D W U A E V A H S
```

BILLOWY	CONDEMNED	MACABRE	SHAVE
BRIEF	COUGH	RAKE	SHOCKING
BURST	ENGINE	RIVER	SPOTTY
CART	FANTASTIC	SAD	TRANSPORT
CLEAN	LETTUCE	SHADE	VIVACIOUS

```
I W A N N E K C I H C B B E S N J U
N P R D E O S G A V S E K Z R Z N N
J P U P W C C L A S S O L O C O P K
U I G P H X A Q J B L A J Z A O B F
R L Z N P C P L K Q A O Q G W C D J
E E B O I I P A P X R Q P N W I S S
F P P Z L R T A O B D N O I N T T R
G M G K R A P Y C E Z Z F D L U O P
N R Z J S T V S E S Z R K N L E D U
G T C N S W L O T X I O J A L P I K
F G O U A M Z H R C Q W L T W A W E
Z W D R R M M M T P H A R S J R H L
Z K M I N W C I I X P D I T Z E K B
U A N Q B H O X O G K A C U K H V A
D G D A D N D W L Z Q E G O W T X B
S F Q K Z G W V T D H Q Z R J S P O
C F E G N A R T S Z J T Z N B C S R
R E L I G I O N R Q O D K E C B T P
```

APPROVAL	DAD	PLACE	SPRING
BORE	DUST	PROBABLE	STRANGE
CAP	FRICTION	RELIGION	THERAPEUTIC
CHICKEN	INJURE	RINGS	UPPITY
COLOSSAL	OUTSTANDING	SNOW	WARM

```
Q D B V A L U E U V P V R M N R O F
E H O B B I E S W N Q L Q A E I L R
H V K D D O R M F B P W F I P A D B
B H H A R D T O F I N D E I P P M H
S O P E N M I E N Z N L Z O A E C V
U T P N S T P V J S M W C D H R B K
T E D R I V I N G R R P P A L C K W
A K H P U V W J B S B L S I I R W Q
R S M F G E C H H V M U C O C Z Y C
A F X F H H N I M O R E T S U L M R
P C O B W E B Q T K N H M T P H I L
P D K N C L F Q S S O A K O O N L F
A J B U C Q C O E J E P G N Q N S E
J A N A F V M R J M G J W E U E B E
B P H V A C A T I O N X A T L S O B
R U Z Z H H Z D A G D J F M C H K L
C G V A T O O F J I F O L N Z T F E
J D E Q M I N I S T E R E L I Z D C
```

APPARATUS   FEEBLE   LICENSE   REPAIR
BUTTON   FOOT   MAJESTIC   SLIMY
CLAP   HAPPEN   MINISTER   STONE
COBWEB   HARD-TO-FIND   ODD   VACATION
DRIVING   HOBBIES   OPEN   VALUE

44

```
C  L  I  A  T  F  C  I  F  M  X  D  Z  R  I  P  Z  U
O  S  J  Z  J  Q  R  V  D  A  O  L  I  D  Q  T  X  E
L  Z  X  F  F  E  K  A  V  E  P  D  C  M  L  Q  B  G
M  W  Q  R  E  Q  T  P  C  H  W  I  P  E  Z  A  P  H
E  W  N  H  F  M  N  G  M  S  F  E  F  G  C  J  N  Z
X  B  T  K  I  N  S  L  U  A  V  O  L  I  A  R  H  G
E  N  F  M  Z  Z  B  I  R  F  G  T  D  P  U  U  G  V
F  E  I  W  C  W  D  B  D  R  W  I  K  O  M  U  I  H
J  L  R  N  E  O  Z  O  M  A  C  N  M  O  J  A  E  M
X  S  F  F  T  Q  O  M  U  D  E  D  E  K  O  L  X  Z
D  G  T  J  L  R  O  Z  H  I  T  H  O  G  I  R  E  E
U  L  L  U  D  A  O  Q  B  E  T  Q  I  T  F  S  S  C
M  O  R  N  N  Z  C  D  F  H  W  X  R  E  U  H  P  G
X  V  D  I  Z  G  T  K  U  D  Z  E  J  A  T  J  K  H
U  E  N  T  E  L  U  B  B  C  F  M  P  Z  A  S  X  B
K  G  H  J  I  B  H  X  I  Q  E  W  W  O  Z  A  A  L
E  I  R  R  I  T  A  T  I  N  G  T  G  E  R  J  M  T
W  H  Q  W  B  M  O  A  N  C  K  W  J  N  L  T  Z  C
```

ACIDIC	GLOVE	MOAN	TAIL
EXAMPLE	HUMDRUM	MOANING	TASTE
FERTILE	INTRODUCE	MOURN	UNIT
FREE	IRRITATING	PAUSE	WIPE
GLIB	LOAD	SCARF	ZOO

```
P K P W O Q E B N T E C E R W R R V
G V T X F P N C F P J I M X I S K G
R S S G S A E D Q M S M F O P N Z Q
I C A E O Q S A D E K O O R C B U V
P R E G G S N S D K L Z W T G R F O
E A C I C E E A M N H I L K W E U W
X W F L M E T T V U Z K A H M B T E
I N I J E L V G N D S G I D Z J U M
Z Y T F Z D C R Z E P Z T S S W R G
F M U U O W U K E A M I N U P E I B
R P M E W O R C Z S R E A R X T S G
F M B Q A E R B A R E L T S C S T Z
M N R L C I Q I I T I D S A V L I S
S T E Q K C H T N E E G B N T Z C S
I X L A Y Y A O Q C P D U Q E S P H
W Q L F P T V V W P J E S B S N G R
U Q A A E M F G E H H U V O E Z I C
W X H C H X W R E L I E V E D J T L
```

CROOKED	GRIP	RELIEVED	SUBSTANTIAL
DESERVE	ICY	ROOF	TENSE
EDUCATED	IRRITATE	SCRAWNY	UMBRELLA
EGGS	LINEN	STATEMENT	UNKEMPT
FUTURISTIC	OWE	STEW	WACKY

46

```
R J K K X Q T S U P Z F O A W G C W
D L V F U W Q M P P R I V A T E V N
E W O P R E B T N E M T A E R T L G
T T I N T E N D H Q I F H Y D N A H
A H D T G K K C X U O E F Z E J D L
C A Z N M T W F L W F B P L N W A S
I J M E B E E S A X I O M A T I C O
T A O R Z S H R A Y Z O O W K K C Z
S V P E R A Q Z M T L W G N B W C R
I S D F X E L B M I N H K K G E M O
H M A F A R B G O F J E K M M T R O
P Q E I M W F L W Y A R G V X H M M
O S R D N M R B I R C S N T B E K L
S O H B N F Y Z T N E I C N A R D J
T A T O Q H R C P C Q X B H Q E K L
I M T G W N I C Z O H X B H E A S S
A E J Z O E W P I N C H F N K L S C
F M A R G H F S W V R P T W P S D Q
```

ANCIENT	GRAY	NEED	SOPHISTICATED
AXIOMATIC	HANDY	NIMBLE	THREAD
CRIB	INTEND	NOTE	TREATMENT
DIFFERENT	LONG-TERM	PINCH	WIRY
ETHEREAL	MOOR	PRIVATE	WOOZY

```
N C L I R M E U R T T D K E O U N R
O P H M I T V V C Z U W O L J A F P
K G B M R N B C Q K X O E A W B B I
Z C I E I G H P W M R L U M N E L J
A T S N T R K W V O M L F E L L J J
A R F S H A N P W M P O G F F X E R
V A L E S P M Z X E C F C A E E S H
X S Z W H E U N D N G K T P C L U U
S U O I R A L I H T R E O W I U O O
X G A T U Q H A H O D Z S R V R D Y
L D E F H E J R K U M O R E D Q N A
I N D C R Z J N V S I B D N A R E R
G T D K J T O M C N M U T T E G M T
H F K A E N C O U R A G E R W E E I
T Z B C G J H G I S M R B A M V R B
E X N Z G A W U H O H B S P D A T S
N I Q F J C F O R X N E Z R B S Q G
F G N I K A E R B T R A E H M B L Z
```

ADVICE	GRAPE	LIGHTEN	SAVE
ART	HEARTBREAKING	MOMENTOUS	SIGH
ENCOURAGE	HILARIOUS	PARTNER	TRAY
FEMALE	ILL-FATED	RAIN	TREMENDOUS
FOLLOW	IMMENSE	RULE	TRUE

48

```
N A B U N D A N T H T E E H V S C P
K Z J R X G E D E C S S D Q P Q A G
I V V I G F W C C X P I O E T C J M
T U U Z X S I R O I F J L M U L U S
T P K F N W A S L H G V P O Q I O B
Y I U A G Y I L H B B L X S O A W B
F R K B O N O X X N E D E R K F K Q
X E B N H R B X E J A L H K O C X E
S R Z M E C O K K O H O S E K O P B
M P A D W G S H I G F U I M B D P V
E T N N G U A H R T L H R V W O E L
O O B S O L E T E O A G O Q H Q O G
W R O T A L U C L A C I O C W A C L
H Q U K Q X P B M C P H B E S M C R
R S Q J F S H P J V W D B U M P U P
S Q G F J U N K N O W N V B G X O N
B A S K E T Q J C I K L W L X Z E N
X B I S H I R T S S G A Z E B J Z T
```

ABUNDANT
BASKET
BOLT
BOORISH
BUMP

CALCULATOR
CHOP
CRAYON
EXPLODE
FOOLISH

GAZE
HIGH
JOG
KITTY
OBSOLETE

SHIRT
SNAKES
SPILL
UNKNOWN
WONDER

```
J T R R L M J N N G E M D G C T B J
I O U A M H P J E Q T E K N N N D L
F O R E M R E E Z R N L E I R E E S
O T L L P B D T G D E T S M M M A U
Z H N C D F U E E E I E W O H Y Q P
Z B O C C B N N G F B D S C W A T R
S R I P L T X G C A V P M E K P G E
R U T L O M A U K T Y X K B R X N P
H S C O U Y S L W C I O Q N G C I A
E H U O D S L R L T E O V U E U D R
T X R N Y T T H Z A H F U R B F L E
O U T X D E Z Q P G R A I S O F I R
R P S X U R U W B S Y S P M H L U V
I W E C X I D F J S E N F L V E B S
C U D X E O H V J D G D E F E S R F
A R M T L U F B V X M S X E B S A H
L G H Q V S F K Q I W W A W T C S I
N Z X N E S U O U N E T Q W H F X W
```

BUILDING	HAPLESS	QUIET	TEENY
CLEAR	MELTED	RAMBUNCTIOUS	TENUOUS
CLOUDY	MYSTERIOUS	RHETORICAL	TOOTHBRUSH
DESIRE	PAYMENT	SELF	UNBECOMING
DESTRUCTION	PREPARE	TALL	VOYAGE

50

L	B	U	P	U	H	L	S	F	G	B	Q	R	B	K	D	G	A
O	S	U	W	F	G	R	A	D	E	I	S	C	D	D	E	K	A
V	D	B	J	A	G	J	T	Q	C	M	B	B	V	C	T	U	R
W	J	P	O	J	A	S	M	E	L	T	N	E	G	F	R	F	H
O	J	K	P	B	R	R	X	D	L	L	Z	K	P	P	E	V	C
F	S	V	F	F	C	W	C	X	F	K	J	C	U	P	S	Q	B
F	L	A	K	Y	G	O	C	E	N	O	H	P	J	I	E	G	O
S	V	B	N	O	S	T	A	L	G	I	C	N	O	J	D	S	N
G	A	O	F	B	D	T	S	U	R	T	W	G	A	F	O	U	B
R	Z	A	M	C	P	U	N	I	S	H	M	E	N	T	U	P	Y
P	L	D	O	M	I	N	E	E	R	I	N	G	I	W	O	P	R
E	K	Z	H	Y	H	X	E	O	L	P	L	A	C	I	D	L	T
I	H	R	X	E	E	C	K	A	R	Q	C	N	T	C	N	Y	S
T	Q	D	M	D	I	L	G	S	J	D	K	U	G	F	Z	L	U
M	Z	S	N	R	S	M	L	K	O	D	E	M	D	I	E	L	D
H	A	D	T	T	A	F	I	H	A	B	J	R	I	C	P	U	N
P	D	I	U	O	I	L	K	K	R	H	C	T	A	N	S	H	I
M	A	J	X	G	F	I	A	R	T	B	D	R	E	T	N	I	W

ALARM	GENTLE	ORDER	SNATCH
ASK	GRADE	PHONE	SUPPLY
DESERTED	INDUSTRY	PIG	TRUST
DOMINEERING	JAM	PLACID	WINTER
FLAKY	NOSTALGIC	PUNISHMENT	YELL

P	C	L	X	W	I	W	E	A	L	T	H	Y	R	B	I	D	H
A	C	F	U	M	J	A	G	Z	A	Z	T	A	T	R	N	D	M
R	B	A	V	F	R	U	R	N	E	M	R	A	U	M	C	C	X
T	B	N	U	Z	L	O	R	Q	G	D	T	D	N	M	A	S	W
S	L	Q	X	B	G	L	F	G	V	E	B	J	I	W	N	Q	A
F	Z	A	D	B	H	W	I	N	M	M	R	N	T	L	D	U	S
D	H	K	C	D	J	O	O	K	I	A	F	L	E	O	E	I	J
B	E	V	Z	I	A	B	Q	B	S	R	I	S	Q	J	R	U	U
A	H	N	L	H	R	K	Q	J	R	F	G	F	L	D	C	R	N
L	O	P	R	A	P	O	T	M	Z	E	A	K	F	I	E	E	A
E	G	N	O	E	G	V	T	A	L	O	C	L	H	Q	N	L	U
W	K	S	X	P	C	D	W	S	L	E	C	Q	W	S	T	P	M
E	T	T	N	R	J	N	P	V	I	C	T	K	L	U	C	G	A
J	M	V	A	S	C	P	O	D	R	H	N	T	Q	A	A	K	S
T	N	O	G	H	D	Z	U	C	F	V	A	T	E	F	N	D	Q
P	A	B	I	D	I	N	G	C	H	W	G	A	A	R	L	V	B
J	C	J	B	U	R	M	Y	R	R	U	F	D	Z	I	S	D	W
M	R	I	I	B	J	P	I	Q	A	T	I	C	N	K	Z	I	A

ABIDING	FURRY	LEGS	SKILLFUL
BOW	HISTORICAL	LETTERS	SQUIRREL
CONCERNED	INCANDESCENT	LOAF	STRAP
CUP	INFORM	MEN	UNITE
FRAME	JEWEL	SAW	WEALTHY

```
P  J  C  F  V  F  G  N  I  T  I  R  W  O  R  G  E  T
R  T  B  E  F  C  D  U  E  I  V  E  N  O  C  Z  A  O
G  P  N  O  Z  B  H  E  N  V  U  D  R  A  O  B  A  A
C  G  R  A  U  P  T  N  T  G  I  B  V  E  G  G  L  T
E  Z  I  A  R  D  I  N  R  R  K  T  L  X  S  T  I  M
H  F  F  O  E  G  T  A  E  W  O  D  C  W  N  D  P  E
V  E  G  J  F  U  A  S  S  I  A  P  E  E  E  W  L  A
N  Y  X  K  N  F  O  L  A  X  C  B  M  X  T  F  D  L
O  A  R  K  S  P  B  N  F  C  U  S  M  I  T  O  P  I
I  W  H  E  W  T  T  E  P  M  A  D  I  U  I  D  R  B
T  Q  B  S  P  S  U  N  A  L  Q  S  M  N  K  R  U  P
A  N  T  O  H  P  J  C  K  T  O  B  F  Z  M  K  T  Z
C  R  G  C  Y  Q  I  M  R  P  Z  R  J  Q  K  O  M  W
U  E  G  B  N  C  L  L  X  I  T  J  C  T  R  I  D  L
D  C  N  F  I  T  E  Z  S  R  A  X  K  T  U  O  U  H
E  U  O  Q  L  B  P  E  A  C  V  H  L  J  S  T  Q  H
N  W  B  S  M  Z  S  M  O  A  F  W  L  T  B  U  O  D
T  L  D  K  G  L  S  Y  P  P  A  N  V  E  L  M  P  P
```

ABOARD	DIRT	IMPORTED	OMNISCIENT
ARGUE	DOUBT	KITTENS	PROTECTIVE
BOY	EDUCATION	NAPPY	SLIPPERY
CAST	FLAGRANT	OATMEAL	SMART
DAMP	HAIRCUT	OFFBEAT	WRITING

```
M R H W W U D A D X B J D L Z U T V
I N V E N T I O N D K U F U D N M M
V A M R D E M O N I C W L I I W B E
J L U N C H R O O M F T S U V O S N
T Q L I G V V P Z L O T G B P I N X
K L U F R E D N O W R S T I C Z G Q
O N W F E S A H C I C L O Q R S U K
S A P D W M Q W B I W T N Z E T D N
M U R S Q V C U T V U N G E A D E U
E N L H E M T K F E X E U P T H M R
T A I I E I R W J A J T E H O A O A
F B T O O E X F T P H S G Y R L O A
Z L J N G Q C H S U P A F R M L R V
R E I N K R O D V I I F E N C O G P
V D I E U D R A E F X X A Z G W L U
V F N E N Y D U A G U C G K L E L Q
B I R D S C F C Z X A C V X L D E S
N A F E O Q X Z L K W H K E W U W V
```

BIRDS	FASTEN	INVENTION	TONGUE
CHASE	FEAR	LUNCHROOM	UNABLE
CREATOR	FINGER	NINE	WELL-GROOMED
DEMONIC	GAUDY	PUSH	WONDERFUL
DISTRIBUTION	HALLOWED	ROD	ZEPHYR

N	O	P	L	A	N	E	S	S	D	D	P	R	K	D	J	C	Z
F	O	G	M	S	B	Q	V	C	Z	N	O	O	C	W	T	T	Z
W	Y	I	D	V	V	O	Y	B	N	J	S	D	A	M	M	J	O
S	D	T	S	D	P	C	U	I	P	H	E	O	R	A	V	L	G
T	E	P	K	Y	L	A	K	N	A	S	P	A	V	R	J	Q	N
E	E	I	H	E	J	P	A	L	D	R	K	Z	E	V	B	I	N
E	N	P	Z	E	L	N	L	S	M	I	D	P	Q	E	D	W	T
L	Z	O	C	X	U	O	U	Z	V	O	N	C	B	L	E	F	U
U	L	P	L	G	W	P	S	U	O	N	Q	G	O	O	D	Z	O
F	F	I	T	S	B	U	V	H	Z	T	P	T	I	U	A	Z	U
S	S	E	L	E	T	S	A	T	S	A	X	Z	R	S	J	K	R
K	C	U	S	C	O	E	T	E	F	A	X	Z	I	J	V	X	J
E	J	U	R	H	M	A	X	P	K	C	I	K	T	P	M	E	I
G	I	S	C	A	X	H	Z	W	H	I	R	L	L	L	N	J	M	P
D	E	F	Q	R	N	F	D	H	C	E	M	E	T	E	R	Y	F
E	B	N	W	G	W	G	Q	K	B	E	E	G	B	V	A	L	X
K	C	L	Z	E	G	W	N	E	H	T	G	N	E	R	T	S	O
M	V	D	C	T	V	Q	D	E	H	C	T	I	P	H	G	I	H

ABOUNDING	EDGE	NEEDY	STIFF
CARVE	HIGH-PITCHED	NOISY	STRENGTHEN
CEMETERY	JADED	PLANES	SUCK
CHARGE	KICK	SHALLOW	TASTELESS
CYCLE	MARVELOUS	STEEL	WHIRL

```
B O I S R K Z D P L N K D P K A R I
K I T Z F N L C M Q O X J B Y C N C
P A Q T F E P X I U J J R K L B Q V
C T V U L E W H C E I I L C L K G J
I S D J X L R U M S T H G A I J R V
F U K D K I O L A T N Q T L S V Z O
Q O S I P H N K N I G J V B B G Z W
N I Q C D M G I I O I F G Z F C S X
J C D A R L K N A N P F T T I B X C
W A E U I D G G C B J C Y O S N D H
I R G F H E X L A K V V S A K Q O K
A O G T T S B F L G C R M N D E U I
E V A S M I G T X S I I I V R K O X
X D R L E G E P E Y J A Z P X A L K
H I I N A N F A L D R Q R O U N E W
Z Z K I T J A D G T Z P T Q I S I L
H J L H E Z O J I N O K W A P O S P
H O X T G G L H K Q H R L C N I P A
```

AIR	GODLY	MEAT	SNAKE
BLACK	HULKING	QUESTION	THIN
CATS	KNEEL	RAGGED	THIRD
DAY	LEARN	SILLY	VORACIOUS
DESIGN	MANIACAL	SKI	WRONG

56

```
L  C  L  T  S  S  O  L  W  R  W  U  L  Z  W  G  S  I
P  U  E  J  Z  Z  J  O  W  E  P  V  M  V  B  S  A  V  A
L  M  B  C  Q  V  L  H  T  P  S  A  M  W  Z  Z  D  C
H  Y  X  O  M  W  J  I  I  I  C  W  P  J  E  T  R  A
T  N  F  B  K  B  T  S  H  S  C  A  G  K  B  T  L  L
D  E  D  F  M  H  H  T  W  R  Z  R  L  C  S  O  K  W
E  J  E  I  U  G  Z  L  D  M  X  E  V  A  P  L  R  L
T  F  S  W  L  L  R  E  N  U  I  U  U  B  O  M  E  X
E  R  F  H  S  H  F  X  A  W  K  S  T  A  T  C  A  H
C  E  O  F  X  L  L  V  K  W  S  M  T  H  L  W  D  L
T  E  V  P  C  F  J  I  C  P  L  U  V  Y  E  N  I  T
J  Z  O  A  P  L  X  U  A  U  B  T  M  O  S  V  N  H
U  I  C  Z  D  I  F  K  L  S  N  W  S  U  S  Y  G  R
X  N  J  U  Q  A  N  L  B  T  B  L  S  V  E  K  M  O
L  G  W  C  X  R  F  R  J  F  C  J  K  C  H  R  J  A
G  F  W  B  L  W  S  W  R  B  O  I  L  L  W  U  L  T
D  D  T  E  X  T  U  R  E  G  S  O  D  W  O  M  G  N
H  K  E  D  F  C  O  M  M  U  N  I  C  A  T  E  B  V
```

ABACK	DETECT	MURKY	SWEET
AWARE	FLUFFY	RAIL	TEXTURE
BLACK-AND-WHITE	FREEZING	READING	THROAT
BOIL	LOSS	SIP	WET
COMMUNICATE	MISTY	SPOTLESS	WHISTLE

```
T L B O T Y C L D R E S C U E W E G
B F P E C N C I S H G L E V F I V J
S K M N I N Z R F Q A N C G V E I L
R E A H B H M I N P V W I V Z V K Q
E F E W O B B L E D I Z S V V F D R
M P E S A C U F W R E U P S I D I R
I E E D E L T T O B Q N R W S L P O
N P C C N E V O Q M E A O D X E H E
I L A H I U E N N A R X P C V R R Z
S K Q A Q F O Q M C D Q E W B E P P
C C G J H V R R H T M S R M Z N X P
E I O X D O H K R E R U T Q D J R A
N W Q N L C E S D U W W Y B C O J D
T A T O C T K X T W S K K U G Y E D
C D C E C E L B I S S I M R E P W L
Q Q I O V O R A L L E C X N J N A E
F S I G N S X N N E V E E M G D A X
G C G I J R O T T E N E X N E E R T
```

ARCH	CONCERN	PERMISSIBLE	ROTTEN
BOTTLE	ENJOY	PRESS	SIGN
BURN	FANCY	PROPERTY	SURROUND
CELLAR	LIVING	REMINISCENT	TREE
COLOR	PADDLE	RESCUE	WOBBLE

```
E T H I N G S E P A W C H T T C J Y
D R Z Z C H X O V F W B A N G S W R
L M I G M D C F F W S W A N O D G E
D O P F Q K E C I Z A R M D F Q H V
E T E S E X C T T S E I F D J G W O
T I N T U T R A A B H P T A C E C C
R O A Z F J E S U I K X W I S G V S
A N X Q V F S X Z R L G P Z N D H I
E D U Z C U E Q O H T A E S S G U D
H S B U R L Y W P E R I O D I C P A
D C X C L N C K E V I T C E L F E R
N R I L J Z D N C I T O X I U Q U R
I P A K A A D V I C T O R I O U S B
K E O H E H G G P H G R S Y A W N J
W S F D I S Z E V X R O F K E E P L
H U D S P N I T U L A F H G I H D I
T O W D U T O P D G X A T Z D P I A
L H Q X S C I L O H O C L A A Z O O
```

ALCOHOLIC   FISH   PERIODIC   THINGS

BURLY   HIGHFALUTIN   POCKET   VICTORIOUS

DETAIL   HOUSE   QUIXOTIC   WAITING

DISCOVERY   KINDHEARTED   REFLECTIVE   WORK

EXUBERANT   MOTION   SEAT   YAWN

```
E P D V O D E L N Y F W E O O I G W
R V D S A H U G E T N T L K C N Y T
U K I S Z G E D E T M R P A Q I R E
Q W X E X H P C D O R X N M O V E R
E T J E C A F G D N A U O P A C T R
S F R H Q E T X N S O L A N N I T I
U X P E J F D H S Q D P R K D W I F
C V G P P B H E U Y B V C K E E J I
X C E Q J X W C G N A O F E D P A C
E K F R M F E O G Z T N Q W R Y H T
C H A Q D W Z N E S H V P B I R D T
M E E K A A H D S F D E S U F N O C
Z Q F J F C N I T I A M C R R T D I
R E M D D V P T K E P Z E F A P J F
V Q S R W W F I E R N I L K R I J Q
S C J H T U V O B C P G N B O G G U
F F D B T O H N S E Q R N E H S J B
U C R F S I D V A G A B O N D K T G
```

BATH	DECEIVE	JITTERY	SUGGEST
BIRD	EXCUSE	MEEK	TERRIFIC
COAL	EXPERT	MOLDY	VAGABOND
CONDITION	FIERCE	PINE	VERDANT
CONFUSED	HUGE	SNOTTY	WRY

```
B G P S Z V U Z F R V Q Z F K C R V
L W I C F F D N X Z K Z D P I Z L Q
U R A C Y D N I W B G O V T S O H G
N T R R R D P E L I T A L O V S Z F
M A R G Q G F S C E Q H K S X J P T
H A T T N E M E S I T R E V D A S U
D F H C L U E I M F T X M T W O I T
O L E B E R X S F F R E G T R O K V
L U D Q R M L Q A E L N O E W G P G
G T M S K S H R P L I N K X S R A V
N T D X M A F P O N A K B Q O R M B
I E H B F L I W E E R M F V A B W K
L R D W U Z E T M O W T I N Z N G N
T I H N V K H G F X X D F L A M E Q
S N G K L G F Q U H E A Q V P A M U
U G U E I R R Z K C G G H L O N N
B V I R Q T U P F C W L Y R R E H C
R E F S U P P O R T I Z S B U L C X
```

ADVERTISEMENT	FLAME	MEAN	SUPPORT
BUSTLING	FLUTTERING	MELLOW	VOLATILE
CHERRY	FORK	PROVIDE	WAR
CLUB	FRIGHTENING	REBEL	WINDY
FAR-FLUNG	GHOST	SORE	ZIPPER

```
K G S M F I E F I X Q R H N D K V J
Z A E B J U I K S E H M P M A L Q F
T S C R E A M P F T T W D W E R A R
I N O I T C E N N O C O P O G Q A M
T O P V A D D J C E L B A L I A V A
T A Z H W W G E H L S E H S B R S F
N F Y N A Z B D T X I L K A W D A F
C L A S S Y D J B A J G T C M D G A
V X T G R S W P O C M H Q M G N R R
Z C R P Y P M F P B E I J S D I G K
P U X I R R I I P J J H N S L M R L
A R E T K I E C L J R E U A G Z O Z
B T V S H I C W K I T E K C U B U T
A A U W K R I K O L N T U U F O N A
X I I H X M I Q L L E G R P B M D R
B N Z R J F B L D Y F L T M F W R B
L N C P X T O C L B O T N A P M A R
L D S S E Z W J M W O B Z U W C W D
```

ANIMATED	CONNECTION	LAMP	RARE
AVAILABLE	CURTAIN	MIND	SCREAM
BATHE	FIX	PICKLE	SMILING
BUCKET	FLOWERY	PRICKLY	THRILL
CLASSY	GROUND	RAMPANT	ZANY

V	F	T	W	P	N	O	I	T	S	E	G	G	U	S	J	D	S
M	E	X	E	R	C	I	S	E	U	O	J	C	O	Q	L	T	K
W	V	N	N	A	L	P	I	G	D	L	T	O	B	Q	S	S	A
D	U	A	R	O	M	A	T	I	C	T	U	V	E	B	Q	C	K
O	O	B	K	P	W	C	A	T	T	L	E	E	C	O	J	R	G
C	G	N	A	E	S	U	O	T	I	U	Q	I	B	U	Z	A	N
C	N	N	S	L	A	E	K	G	K	M	M	O	M	V	G	T	I
B	R	C	I	H	T	C	M	X	G	D	R	F	O	J	A	C	T
M	K	E	I	G	S	P	E	K	I	L	F	F	V	V	T	H	A
O	E	A	C	T	A	I	M	Z	E	B	D	E	S	D	U	A	L
S	P	A	Q	E	A	R	F	T	Z	B	D	R	Z	Q	R	S	L
E	A	B	R	X	I	M	U	Y	G	G	Q	D	E	J	N	M	I
Q	F	S	W	R	H	V	O	O	L	N	U	W	P	G	C	W	T
B	R	J	S	C	I	H	E	T	C	L	I	Z	Z	B	T	K	N
U	J	V	H	Y	B	N	A	T	P	N	E	W	B	O	N	E	I
A	Y	N	I	T	Y	N	E	E	T	M	E	J	O	X	N	N	C
E	L	T	C	B	C	P	Q	H	K	K	Y	A	X	N	M	W	S
F	K	U	H	A	Q	W	X	X	V	P	T	S	A	H	K	X	Q

AROMATIC	JELLYFISH	RECEIVE	SYMPTOMATIC
BONE	KNOWING	SASSY	TAN
CATTLE	LIKE	SCINTILLATING	TEENY-TINY
ENCOURAGING	OFFER	SCRATCH	TURN
EXERCISE	PLAN	SUGGESTION	UBIQUITOUS

```
Z O N E Z D G E Z S W M I Z N H E W
N K I K L D J I X Q N K D Y N O G H
A Q G P A T E P E N R G G D P I K R
C R I A H Y I S R Z O O G A P O T W
N Q W O V R I T I L H Q I O L H C T
T O O E V Q U T E O O X L R Q R G U
X T J Z X A K O L A P C S B K F O G
U S A F M L X K D N J C E Z P P W L
D V C C D H A H E L L S Z N R O L I
B U S J X A T D R S W P V E J E R E
E D G K G A C E L K I L L E K S H S
I N V K E V S I Y F Q T H C P O W T
O A Z H A O N F V W R J A S F L F J
C P C T M V T I K K R B B I A C W P
X X M B W F Y S M I L F E W O W V C
F E E D R P V S Z P P L S T O R E Q
Q R I N L R P O X R D O U M J S I D
E K N F X V U H I H Q S N V W K V S
```

BACK	ELDERLY	HORN	SOMBER
BROAD	EXPAND	KILL	STORE
CHEAT	FIELD	OSSIFIED	TITLE
CLOSE	FLIMSY	PIE	UGLIEST
COPY	HAIR	POISED	YAK

```
N L O C C U R O Z I N C H V G B Z X
M E N A L T C B C P P H K K A X M Q
F N M P K U H D N A S K C I U Q A Q
W Z O O M X V N D T Y R U B A H Z A
F J F O W U B A E P I S R I I Q O C
N O B K P J J L R P D I E P T H U J
L I C W Q S M O E U B S C R C X F D
E L G T Z B L G D R R T O O K M M T
A P Z H O M C B L P T E N T K Z E V
Z A W I T K T I I O J R D E F J D I
J O W V X U Q V W S H Q I S W B D I
B H Y R R E B V E E W R T T J N H S
F O V W T P A T B K K R E B A X P W
D W R F X U X W D F A R W V R P V Q
P T M R S R G X Z H U M O R O U S D
U D J Z O I A A D R A W E R R S Z N
A F I T G W X T N E M U R T S N I X
C V I S I T K E P T K C Q U K S Z G
```

BERRY	HUMOROUS	PROTEST	SPOON
BEWILDERED	INSTRUMENT	PURPOSE	TAP
BORROW	JUMP	QUICKSAND	VISIT
BURY	NIGHT	RECONDITE	WOMEN
DRAWER	OCCUR	SISTER	ZINC

65

```
M  J  I  H  N  N  P  K  C  A  S  S  C  E  N  E  B  H
Z  Z  C  O  M  N  U  U  H  V  G  B  Z  X  X  M  N  E
L  T  D  A  J  E  V  N  E  P  G  L  F  I  O  G  W  M
W  J  D  G  B  V  S  E  D  F  K  A  S  X  H  E  L  J
G  U  J  V  Z  E  N  U  E  E  Q  T  B  U  H  Z  A  E
P  U  Z  Z  L  I  N  G  P  L  R  U  T  S  E  L  U  A
L  G  H  A  S  L  O  C  K  E  T  S  U  T  P  I  G  N
C  E  V  I  T  P  E  C  E  R  D  R  T  J  C  V  H  S
C  U  R  L  Y  T  K  H  O  H  C  O  P  O  U  U  Q  T
X  H  S  A  A  H  Z  E  K  I  L  A  V  B  O  G  T  L
J  I  D  R  C  E  T  T  Z  W  A  X  W  L  I  D  O  C
H  S  A  K  N  O  W  L  E  D  G  E  A  B  L  E  P  Z
F  K  S  U  W  R  K  L  I  O  A  F  V  F  H  B  C  V
I  O  H  Z  Q  V  L  P  A  F  M  W  W  A  R  T  S  K
J  N  I  I  T  O  H  P  T  T  O  K  P  I  Z  U  W  Q
W  C  N  H  F  S  O  U  N  D  G  T  R  W  R  O  P  P
R  S  G  F  U  Q  N  T  R  S  T  B  M  Q  L  G  W  K
U  X  P  Q  G  A  W  B  J  X  D  T  O  B  R  W  X  L
```

ALIKE	EVEN	LAUGH	SCENE
BLOW	EXIST	LOCKET	SOUND
CRUSH	FILTHY	PUZZLING	STRAW
CURLY	JEANS	RECEPTIVE	UNDERSTOOD
DASHING	KNOWLEDGEABLE	SACK	WELL-OFF

```
I R Z E T S A P H T O O T A N D Z S
C Z C M V V E H H R P H X O V O S I
V I U P I U P A N M E C X O Z P G L
Q P I F L C R G Z K I Q T K I D T V
H C A R E L E S S I M C U T X V A E
W B H U X A I O W B E B L E C Q S R
G W Z Z X G I V N P N E U E S F J L
C N G W T G R U X G E T D T N T M S
W V W T Z K P E O C Y H V G N I R W
I C H T F R B E C Z B G C A U S E Q
C T T A O I D I N I B I H B S V G W
K C R J V P H L N U A R X O L K A K
E E S U U X N S N X R K M A I D E E
D J L E S H A R E J C P R Z E R R R
T B D I B K M Q O K S V W L P L H A
B A A M C X E Z E C A B F H H H R U
I H B Z Z R N V L D Q M I W U V D Q
K C I R T D S R E G U L A R D L Z S
```

ABJECT	EXPECT	REGULAR	SQUARE
BAD	MAID	REQUEST	TOOTHPASTE
CARELESS	MAKESHIFT	RIGHT	TRICK
CAUSE	MICE	RING	TUB
CRABBY	NAME	SILVER	WICKED

```
U S U L V M H H E L B A K N I H T X
O O S N D A U T F X N I U Z O W E A
P A C D H L A W T R O S T I J N G V
X K P C U L K R K L I H C O W S A Z
D T K U U J V P B C T B V N V N O D
E F Z C F D G V G M A I R E S Q O N
J F L W V U L B O I P W F L P C L X
S A A L P T I D W S D F D O F B G D
C I Q U Q H A R M C G Z J R K I L E
J S N Z L O N H K R K B N C W G H L
W O C M M T N Z F E S P A W P F I Z
W A Q I O M Y L S A H R F D O F S Z
O S M F S A B O E N C Q B L A Q T U
E H X C V S S L K T C I Y I T Q O P
F A P U W W O J I C I O R M N Z R X
F P V A T P H R B F T A A C R L Y Q
J E R I J Q S C S M A E B L B V K W
I L R M E A S L Y N A C M N L D K Q
```

BEAM	FAIR	NAIL	SIN
BIKES	FAULTY	PAT	SOAK
CALCULATE	HISTORY	PUZZLED	SORT
COWS	MEASLY	SCISSORS	THINKABLE
CRACK	MISCREANT	SHAPE	TOY

```
A N A F D O U B T F U L G T G B S F
S E Y P O L M E M O R Y M Q A E M S
I W Z E B B Z S J R M M I K N L E U
O O Z G P N K H C N E H M E X B D O
F C U M W X V Y L F S Z G Q Y A I I
T Q F F E J F B O A G E T O S T D U
N V I Q I C H F V T U Z N A G N N Q
E M O R X N I G E S I N P W E E E E
S K Z K J R P T R P A U M P W M L S
E B J R Q K M P O I D Z B T K A P B
R Q S L N Q R X W N C I O C O L S O
P K H A N O I T S E G I D Q F B C Q
M C T O S E L B A K R A M E R I Y N
D C O M P A R I S O N F W Z T B H E
I Q G D E T I C X E E F R D B E I W
T K K X H Q I I O L V F U U A H U W
F X N M D L O T A W X E H D E Z X M
H B F J V R Y D A E H C A P M D E W
```

ANNOY	DIGESTION	HEADY	PRESENT
CHUBBY	DOUBTFUL	LAMENTABLE	REMARKABLE
CLOVER	EXCITED	MEMORY	SHY
COMPARISON	FUZZY	NOTICE	SPLENDID
COW	HEAD	OBSEQUIOUS	TANK

```
K E U M D R H D G N I N E D D A M B
J L C D S U O I T U A C Q J O F C M
L A P S N O R I C T U E G R W P I B
W U L T R E V O G R W B R B D I N O
F Q T R A R U M N R A W E P E I E D
D E A I P T Q V C G O W R J H M I D
T W P P K U W N U A D U L V E Q G A
V W D E X R O X R E R U P R X F H Q
Z U K D A S L E L L E S P I Q X B I
L N P L R J T I C J T U P W F R O E
N U W E Q T V B H Z S C G J N A R F
I S P Z I E V E C U G W E G B E L L
X E E B R A T A E I T N D L P Y Y O
T D X I D G E H B U N M D J F Z J T
V A P J M H V M M I Q A H T P E V D
M F U J B M G A E M M I G U O Q R T
J T F C R O W D N B L E N R C V M R
L E A R T H Q U A K E F M U O Z S I
```

BITTER

CAUTIOUS

CRAWL

CROWD

DELIVER

EARTHQUAKE

EQUAL

GROUP

IRON

MADDENING

NEIGHBORLY

ORGANIC

OVERT

PERSON

REFLECT

STRIPED

SUPREME

UNIQUE

UNUSED

YEAR

```
H D N N G N I N E T S I L G N P B M
O G Q J E A L O U S A Q G P E N H J
O T T R E C E I P T E T F J H R V U
P G O R G E O U S K D E N R A E L A
K B V X W E S C R M C C E N O S M F
K A V F Z D L I F J V X N H A Q A B
J U C Q T F E K D T I T N C G H R E
A C T O V Y C T S E U R U F N L C L
X Z B X J H P P A V W R Z F T P H L
E N I M A X E I O N V A Y T A H G S
I A F S B G R M C E I R L J W G E J
J P O F L X K E L A E C W K E W Z T
E N Q W P F J P K T L L S Q S Z I R
Q A T Y E N O H A C P Z Q A R I L A
E J C H Q S S W T B A B R X F A A P
P G C I L B U P X D P R O Q J R E H
F H I L J U S B Q S T Z C B X V R C
T V C G C P X E B Z Q T B L B C A A
```

BELLS	GLISTENING	LEARNED	SIDEWALK
CRACKER	GORGEOUS	MARCH	SON
CURVE	HAT	PUBLIC	TRAP
EXAMINE	HONEY	REALIZE	TYPICAL
FASCINATED	JEALOUS	RECEIPT	WATERY

71

```
M X L D Z H S I L I V E D J N S M Q
F F E A H Q V G D S H J K O C T O E
E T L U G V N M Q W K W B C T U Q L
C I B P B E Z A G A H J M N W P J O
Z X A I I V L F N G L S A E B E L H
H D U I I N C L T R J L D Z Q N E W
C V Q V Q N I V I P Q Q O N D A M
T S E P S S T V J B N J M G G O T U
I E K U S X A W A B B R S T N U A B
M L D S E E M N O Y O U Z L O S B S
A B F S S Q O O R W O K W B R B L H
S I F E S C T H U R X P Q O T V E E
I S G L O L U W E F H H X O S O S E
N S F E P S A N M A N A B K F A R T
T O I M C S O Z H S O U S S P L H B
V P C O C C I D U D N P G P K D W G
P A S H H Q O P K C O V W O T I K K
L X C O O P E R A T I V E C R M T M
```

AUTOMATIC	EQUABLE	MAN	SHEET
BOOKS	GRUBBY	ONEROUS	STRONG
COOPERATIVE	HOMELESS	PLANT	STUPENDOUS
DEVILISH	ILLEGAL	POSSESS	WHOLE
EATABLE	ITCH	POSSIBLE	WORM

```
P  M  U  P  E  H  C  N  G  D  F  B  R  G  W  I  J  H
A  U  A  K  C  L  A  V  U  K  B  S  O  B  S  W  F  C
Y  F  I  R  R  E  T  R  D  X  E  B  A  L  D  T  A  H
Q  Q  Q  X  G  N  J  I  M  S  U  U  S  O  K  Z  K  Q
V  U  W  M  C  Q  M  K  U  Z  L  F  T  T  Z  A  E  J
D  E  R  O  B  A  L  O  G  L  G  P  E  E  H  X  S  U
H  D  J  B  H  S  H  K  I  K  F  T  D  D  C  V  U  K
B  T  M  I  B  P  M  N  Z  M  P  U  F  L  S  A  A  C
A  D  Q  X  R  V  N  E  R  V  E  J  U  H  S  J  R  I
S  E  W  W  A  S  T  E  L  B  P  S  M  E  U  D  P  S
T  T  C  E  M  T  X  Q  O  M  I  R  I  G  O  G  W  Z
A  G  K  E  N  R  U  N  S  V  L  R  G  L  V  T  A  H
C  T  P  E  U  N  B  P  E  C  M  L  L  O  W  G  V  R
K  P  M  R  N  S  T  W  A  U  E  S  I  A  C  A  E  K
Y  D  Q  H  U  B  O  Q  H  K  C  X  Q  H  L  U  S  B
I  D  B  T  Q  S  J  Y  T  P  M  E  X  C  T  Q  Z  U
O  V  C  I  G  Q  C  I  T  O  H  C  Y  S  P  E  Q  C
T  G  C  H  P  O  K  J  M  J  A  L  S  T  W  B  D  L
```

BLOT	HARM	NERVE	TACKY
CUB	HOUSES	PSYCHOTIC	TERRIFY
DOLLS	JUGGLE	PUMP	THREE
EMPTY	KAPUT	ROASTED	WASTE
EXCLUSIVE	LABORED	SICK	WAVES

```
N C E O U N D S C L A A T B B R S G
B J R K R X I A I Q O T K X E T P Z
B S M B C Q G I G W S T M W M C A P
R A J A A H I L W N I S X H O N R Z
X M Q L E S R E G G I H Q A C S K D
H T R R U Z E D H I M M C U L T L H
X Q O F N B T T N D A N A O E O E V
Z F L Q G L F V B E L N N E W I Q Z
O O M A Q I A T J U F R T I L K V N
C T A X S L C T F G L F T S L G W E
M Q N T Y E J H E X X Z O D F W B T
N U E C R H T O D E B D D I W U C T
H D H R L I T O U W T E V O S K M I
L W O O A G W L I Z M D Q Y O P I R
Q C C F W G Q R A O H V Y S X G R W
J K I J T F E L I E R S A P T M S N
W V J V Q U N U B E H O R V H S Q U
N P S V X U Z T I F D I X K K A X L
```

AJAR   GLEAMING   LOCK   TAX

BUSY   GOOD   OFFEND   TIGHTFISTED

CORRECT   HEALTHY   RIGID   UNWRITTEN

FAITHFUL   LATE   SAIL   WELCOME

GIANTS   LEFT   SPARKLE   X-RAY

```
F J T J E N O E N O G E B E O W A I
W I U I L L U S T R I O U S O S U F
A K Z L N W B K B K E E W S E A W A
X I R E E T S A U E B K J G N I G L
V A B L E N E L T K S V H Z B N L L
D E S W K J F N M R I I A O S C C L
T M Z C J P A L G E O P W A H O A U
A R M R A J M T W S E F W T G N I W
B F O U C T O L P L V V M H C C N B
L N L P D S U I P U I U P O D L S E
E E E O T O S R C F S S H S C U I K
T M T A A P U H S T A B W M A S D W
I D W P F T O F S H R Z V Q Z I I G
R I K E X T I I T G B O O C V V O Q
B O N A C L O V J U A C M V Q E U X
J M A C T I O N L O X Z N V X J S P
E F F F N A C E U H S R E E I D H C
J U T T U I M P X T M N L Z O Z R N
```

ABLE	FAMOUS	INSIDIOUS	VIEW
ABRASIVE	FLOAT	POST	VOLCANO
ACTION	HOT	STEER	WEEK
COMFORTABLE	ILLUSTRIOUS	TABLE	WISE
FALL	INCONCLUSIVE	THOUGHTFUL	WOEBEGONE

75

```
P S U B R Z L I H K B D O I Z K U E
Z E E K U G A M Y H X W Q I I N G C
O I F P H G U W W A N M R H W G C X
M M O R A N O O U N F L G P L H S
O P U B L I B R D M T P M E T T A R
U U R Z U O T K T A S W A D T E V U
N L R K S G A A D L E I B O M L U J
T S E L H E I B T E C D Q X X N Y X
A E V B N R N L O S I Q D D O I D N
I N E V J O T E O X O T D P E E L
N O L R G F M M B A J R O X B V E I
O O C Z E F R L W E E F L H I B R N
U X I J H L Z T V T X O P S R O G U
S L X T N U E Q R W U N U S U A L T
M A Y D I T M A M F C K B G X X C C
W C K F J D U P S A J X A B U K E J
B P E Q L Q D T H E D X E O K P W O
Q Q R N J Z X A A E G J Q C I A J J
```

ADDITION

ATTEMPT

BOOT

CLEVER

DEAD

EGG

FOREGOING

GAMY

GREEDY

IMPULSE

LUSH

MOUNTAINOUS

OBTAIN

QUARTER

RELEASE

TIDY

UNUSUAL

VEIN

WAX

WORKABLE

```
G F M X G S K P K K R A F O Z Q C L
N V T P E B E V P R R X V I D N N A
I S F B M J C C W Z X D S R D K M N
R E H E A P H N R N D Z I X C U O G
E L G P H T R C D E G P Z W Z L N U
P F K N S U B O N L T E P S Q R X A
S I A Z T Y N R E V I I N E R E P G
I S U E A E A D T U K G V E O S E E
H H R X R G I F E D B N H E R U J Q
W J O I P A Z T R E E G I T O A W V
E R I L B C O V P L Q M P W O U L Z
N E N W N S Q L E L E H E S P I V H
E F T V D H N C K T P K R O G Q A E
C X P I X E T B S O H K G M G N W M
S L A K C R C E T N O R F O B O O P
B T O N I X Z J J W E X M E R Z U S
O L Z C P Q E F R R U O A I O F S O
K W U E K K B L C P C E D D M P B L
```

CAGEY	FRONT	OBSCENE	SHAME
DRIP	GENERAL	PRETEND	SONGS
ELECTRIC	HEAP	RETURN	STEM
EXCITE	LANGUAGE	SECRETIVE	WHISPERING
FROG	LIGHT	SELFISH	WINK

```
L P M K F N T W A S X H T V H Z S O
B N E Q S B H I J H L Z D W A N O L
B L R N P A O T U R M D X Z N O D X
C J A H E S U T D M D E S K T I A V
C C C T T U G Y S D R E A M A T M F
G D X I D J H U F A V E S A D I O R
D R N W T G T Q M U E U B Z N S K S
C G M T P R F T E V U N B F T O E D
Y U F K L U W X P P M I T I I P V E
T A L F C C S Q D T K T T M S Z O T
R B U V S C T T R H A N D L E V A A
K A T V C C S E L R X O T P X C N N
C D W X E A M P S X R C Q A Z N A I
M G I T O B O T G J R F I M W V S D
T E O B L T X R T F D S H A K Y Z R
B R B E Q K W H J E X I H U X N S O
P G D H I M J N T H U E K O M S V O
L L A B Y E L L O V V D K G O X T C
```

BADGE	DESK	POT	STINGY
BOAST	DREAM	PROTECT	THOUGHT
CARE	FLAT	SHAKY	TREMBLE
CONTINUE	HANDLE	SMOKE	VOLLEYBALL
COORDINATED	POSITION	SODA	WITTY

```
K K R T T M L P S I N V O W B E D T
T X W X D O S L A P F Z S G W E Z O
G R R E D P E X G N N H L O I W G O
R G N N B E E M O S J P I D H T D R
U W O F F R A M S B V Q Z V R P A J
E R M R A A M D R I S W S N E O L I
S D H B J O E T P F J W T V B T P V
O E G M C X U B Q A J N N W O G Z M
M P E W I N E H W W N R I N K A R O
E E I L U F T Z O I K E A S R U F O
X N L X Y L U B T I C D T A U C R V
C D I E T A K S I R E O N N Q H J Q
U X W S T W L Z E T A M O C P U J Q
P J D T F B F P A G O U C G M I R F
S J F D G M E V H T K Q Q G D N L W
S O B F S S E L H T U R H S X U O A
W A X K Z B D G E L B A T I U S N U
N U X J F S Q P S U O L U R R A G T
```

BARE	DROP	NEXT	SKATE
COMMON	GARRULOUS	PLAY	SLAP
CONTAIN	GRUESOME	QUARTZ	TOE
DEADPAN	LIP	ROOT	UNSUITABLE
DEPEND	MODERN	RUTHLESS	WINE

```
D C Q V E P J F Q E Z S N B K Q E C
C G S D L N N M O J A I V G A S R X
G S F E D Q S Y V V E Z B R Y E R K
A X P N D J A O H I J X J N A P L O
T T H G I E T C U S P C O T J M X P
H B N I M W T C H C A N U A T A P F
E A P E D F B S E D Y R G T O G X L
R F U F U U R S M M E N T T R I G A
H C B I P D Y R O F V O B M T C K P
C A Z S N P O U E P E E P G Q W P V
K I A Q E O S L P A D F T O P M S X
O E V E O L V J I U C A U H X V B P
R I R U I S F E V Z Q H C C V L J S
P C G J R X M I F F O L T A E Q T Q
S A S D C E C N U O B G C O H O S C
T G D K L S J J E N I H W C Q O A C
E R U O L O C M I D I O T I C J T X
P I O Y L E N O L H M M T X N R O B
```

BOUNCE	DEBT	IDIOTIC	REACH
COACH	EIGHT	LONELY	SYNONYMOUS
COLOUR	FEIGNED	MAGIC	TRASHY
CREATURE	FLAP	MIDDLE	TROT
CREEPY	GATHER	PETS	WHINE

```
J Y H T L A E H N U L I E J Q O N U
M O V C H U J B F T Z M L B P O B H
G Q B H A N F L B J I L C L H D X I
O V K I T P X D P N R N I P B R Z A
I E G L E C K R B E K H K V H I G J
T N Z L F H A M T V T E J Z E Z N J
N G U Y U A S L L R G Y X V E L R U
A E L B L J A E C M D J K H V E Y Z
I F S E J T L D U U R M O C A I H N
F U T K U A N O S G L O W R I B A Z
E L C C P E N F N U W A T W Z X T V
D G Z I T S F I V E H P T S P P E V
D L B T O J V V B B R B I I N H E A
Q P A S A E X H T I M E K S N I J J
G S X C I L H T P E V Q D M T G A P
S U O R U T N E V D A F J V U Q P R
B Z G A O G W E C N A R U S N I A Z
G D R U S B A H S D G W I K R S R A
```

ABSURD	DEFIANT	INSURANCE	RAINSTORM
ADVENTUROUS	GRIEVING	KNIT	STICK
ATTEND	HATE	LIE	TIME
CALCULATING	HATEFUL	LIVELY	UNHEALTHY
CHILLY	ICKY	PALE	VENGEFUL

```
F S V U N X R E T L E H S Y K Z F O
P A I L F B A D A U E P R D T Q W H
F E T A R R I N R A S T X R A S L E
L B G R X Z O W S Q Z I I R J T E N
N E M I D I Z J G F I T G L S P O Z
N C F P T I D N Z L A U A E E S X A
U N P C P T J G R B M D G G A S C K
P N N P Q E E P N E B N X L Z I C F
T U Y D A E L V N I A B E Z U B D E
F H V O H L N T I R Y K X E B R V K
L N B H D B I C O S E F S N D X C N
G U P A D B P T C F N O S B B O A I
N T N P Q U B K H N O E M I E W E I
I W L D D B Z E Z L O X P E T S X D
L Z B P E L B I G N A T U X L A F H
L Z Z U D Z U W J H H L D A E A S G
I B S T A I N U G C D A F L G N B L
W C D M Q F S E C R E T A R Y S I N
```

ARGUMENT	FALSE	PAIL	STAIN
BAT	FUNCTIONAL	RATE	TANGIBLE
BUBBLE	INEXPENSIVE	SATISFYING	WILLING
DIME	LOOSE	SECRETARY	ZESTY
ELITE	ORANGES	SHELTER	ZIPPY

```
V D S T O V E R W B K I K N R P R I
C I N Q U I S I T I V E L R F R D H
P T O M B M N Q Z I F V Q I A O E Q
L C F O M E K R H W P I M N K D L I
U T O P F I T W A L L X L K P U L L
C K A D E A T H N S C M M Z C C A W
K N K S E X D H M X H I F D T M U
Y E U I P O G J J S F I O N K I S R
P Q S E M P Y K O O P S U M O V A S
Y E E L M A I L B O X L C P E E R H
P L B I T O V U X U G J M K U V T C
T U D F D E A M V L E K B I H N X A
K G R N M U B M B E G I N N E R E E
R P G P E R Q T J D S A S I H R K L
A O L M K I J R U O S N H K A Q N B
V O W D I K R B A P C R E R E P A P
Y K A B F Q G F E R B A X H K S H J
G H O S P I T A B L E S W B T S E R
```

BEGINNER   EXTRA-SMALL   INQUISITIVE   REST
BLEACH   FILE   MAILBOX   SOUR
BOOK   FRIENDLY   PAPER   SPOOKY
DEATH   HOME   PLUCKY   STOVE
EMPLOY   HOSPITABLE   PRODUCTIVE   WALL

```
D C T E S T I M N T D J T Z O T C N
E L I G J K X V A V E O L T U I V R
W P W B X K I N T E L L I G E N T W
R R H C T E F Q N A I P O T U C T M
O S U W X E A W J T A W H X O D A E
T E T T M P E E D K T P J M U A S U
E S I N G O C E R K E K K P A Z T N
T R S E R V E C Q O D U V F P Z Y R
B O E D E T S E R E T N I N U L F A
S H Q V S U O U G I B M A N G I A E
G P I H S A P P K U H P R G B N F B
Q Z K J A M W Z U E Q L N K R G S H
C A R R I A G E L K A I C Q O G O I
G R C C U S J F D A S S J N B O F C
P C J X B C I P X U M C U Z S P A P
D D O T E R A G M V Z P R O U D D G
V I P C L P T A G B U M N C E M I L
Q X W A G R E E A B L E G U M E E P
```

AGREEABLE	DAZZLING	INTELLIGENT	SHIP
AMBIGUOUS	DEEP	PROUD	TASTY
AMUSING	DETAILED	RECOGNISE	TEST
BEAR	FETCH	RIFLE	UNINTERESTED
CARRIAGE	HORSES	SERVE	UTOPIAN

```
E R U S A E L P V O O S T X W T U R
S D O A X K Q Q J P B L F D E Z T N
F L R K N Y N I M T S Z E M B D L K
C B U N H Z A N R C E L V B N C W G
M G R E P T E T L U R N A U O L W Q
E D U A H I C E E R V R O T F L G P
A V R Q I R O R X R A R V C A C O I
S C I F M N W F C E N C A P P B D I
U U O S V U Y E H N T C E U H E L P
C K B U A J I R A T B T G G T N O
C W F K S V B E N N S G P E E V B N
I U A T F T E K G I B W R N L D U E
N K E W F B I X E R S M K M R G H T
C Q C S S U M C C E I G L O O J E S
T B O U N D A R Y N U I F S M S W A
I H I A I Z W O E I F F I X R S J F
N U S P Z I D D O X A M N F G C P N
D I S A G R E E A B L E O N S F F U
```

ACOUSTIC	DETERMINED	INTERFERE	ROUND
AFFORD	DISAGREEABLE	OBSERVANT	STEP
BOUNDARY	EVASIVE	OCEAN	SUCCINCT
BRAINY	EXCHANGE	PLEASURE	TEN
CURRENT	FILM	RITZY	UNFASTEN

```
D I S F Z J J E R G O C U B N S G L
H R I T A E P E R N V G L C N I A B
P G A S L T Z M X I F F W R E T T U
Q V O M M X W K M H I H B P Z R T V
M J Q P A E V R S S N E M R U B G P
P E E D D T M A R I E A L A E S Q D
U P M T A C I Q M N D C W T S C C E
X X O V A M I C H O L E A W A A C E
S O F B C R A C N T W A M I L O X P
M E Q A E N A G J S X S A L X Z C L
C K R D R Y P P E A N E S U C R M Y
M O D I L T N O E M Q L S X S S J H
B H N I O I L R T S S E I O S P N V
D C O C J U W U C K T S V A E O X B
S P R F D J S C Z G Z S E N C I U B
I R T U S R V C D A Z E O H E L L K
C I L L U F H T U R T H J L R H Q X
W T E C E T H G U O R W R E V O A J
```

ASTONISHING   DAMAGE   OBEY   SERIOUS

CALL   DEEPLY   OVERWROUGHT   SPOIL

CEASELESS   DRAMATIC   RECESS   TRUTHFUL

CHOKE   FINE   REPEAT   ULTRA

COAT   MASSIVE   SEPARATE   UTTER

```
G F Q O C P B U H Z L V X P P K J V
W L S V G T Z B B P J V F G A V A G
L I M I T I V M Q C K R E S R E B K
B W F E R U T A M B G L N W M M K O
E G N P E R I T L W Q S I U L T E Q
Q W I Q P S S H W C U R H R E O X F
Q H A Z N T K H J O G H L F H W T G
M K L R A U I C I H C Z V I W E R B
N L P L N T T C L L A W V W I R A A
W C E I E B I W I L O B V C R I L S
O F M Q Q P O I U V A V I T Q N A E
R E V C S A W K S A Z T E T J G R B
B M K U F S B T O N N Q H Z U M G A
K G A W D G W H N L C D B K W A E L
D E P M U P O X E M M H W X O H L L
E B U I M I D T N E L L E C X E S E
I K R P I C R E S P O N S I B L E E
V H R A C I A L S X E I Z M V E P N
```

AUSPICIOUS	EXTRA-LARGE	NUT	STALE
BASEBALL	HABITUAL	PLAIN	TIRE
BERSERK	LIMIT	PUMPED	TOWERING
BROWN	LOVE	RACIAL	VAN
EXCELLENT	MATURE	RESPONSIBLE	WHITE

```
V D F Q S G N I K A T S S K V E O S
B L E S S G I R L S G K F V L C V T
O Z R C J K H T L A E H N K W N E X
M T W H O N E D C R K X N G A A R N
A G V D G R L P K Q G K Z F C H C U
E R A U R O N M K P K B I J T C O R
J C D Z C A J T X E J P T E C B N D
N M A S U X C J A Z L U V L W R F T
W W A L H X Q Q N A W F F B L S I H
A O V A L R Z S R C C F Z A V G D I
P K J F J N U U I V G Y T R M X E H
O E V I B M T G B S V Q V I M T N W
I G H T I A M M M N X L U S R I T A
N W H E N O P W C I T O X E F C X Q
T C A B B A G E Q Z F T V D R C K T
M E V E I L E B S Z I O I N S Q N R
W T I U R F V O P M V Z U U E W N K
V K E O Z P V T P N Q M I L K M O P
```

BELIEVE	CORN	LACE	POINT
BLESS	EXOTIC	MILK	PUFFY
CABBAGE	FRUIT	NATURAL	SHRUG
CARD	GIRLS	OVAL	STAKING
CHANCE	HEALTH	OVERCONFIDENT	UNDESIRABLE

```
D Q K P D E L B A S N E P S I D Q L
T Q M O C H A N D S O M E T Q S L K
V C G N Y S Q U A C K F C K I P W L
Z B I S R L C I B O H P Z W X A A A
T C W H G E D Z B R P H F V W D J N
E D A S N L M D K O Q N T E K X R R
P X O C A R K B I O E S S M W B E E
O I W C R Y S P A L Q O A U U W V T
W U O S D A W U A R M P P W O Z I N
E C I I D T V V O E R X W B C W T I
R B T C S J I E G I L A E E T C C X
Q N A F H S H T N Q T P S Q W T N E
U T E A H Q W E F Q E I T S U L I I
G L R K X W E L V M J F R M V B T I
T Q G G M S M P C G O B B T E A S Z
L D F G N I B M N S J L W D U T N W
F A X O P M F O C H E P D W D N I N
O O S P Q S P C W I S T F U L K K L
```

ANGRY	EMBARRASS	LAVISH	QUACK
AWESOME	GREAT	NICE	SOFT
COMPLETE	HANDSOME	NUTRITIOUS	TUMBLE
CRAVEN	INSTINCTIVE	PHOBIC	UNTIDY
DISPENSABLE	INTERNAL	POWER	WISTFUL

```
L S N E X L C T I E X D I U Q I L Z
A P L A N O I T C N U F S Y D D O O
I O U B Z V H D A S H T U O M E S L
C T N H P O I N T L E S S W H M T H
E T E E W D E O P H N U S R W A S T
P E Q C V S E L U H A J C T B H K E
S D U E I T C N I S S Q A D O S Z M
N S A V Q C O A O N B E X W P A P P
Q T L I M U N F L I E V R F P R W O
J U E T D C P Q D E S V M F P U N R
Q F D C Z Z J C M M O U U R N S I A
V F I E L I S T E N C G L J K G G R
E B Q F Z Q W K U V V R J L F N U Y
X S R E T A E W S O A H H S I X X O
X W A D P K X P Z B A V M G M S Q N
L A P J E K Q I F G F M N Z B K I O
P Z S C A R C E C R C A J L G M C D
X V B O I N W E A J H H L D I Z F Q
```

ASHAMED	FRESH	MOUTH	SPOTTED
DEFECTIVE	HANGING	POINTLESS	STUFF
DISILLUSIONED	JUVENILE	SCALE	SWEATER
DYSFUNCTIONAL	LIQUID	SCARCE	TEMPORARY
ENVIOUS	LISTEN	SPECIAL	UNEQUALED

```
D N A H D N O C E S I E J M D V I C
B C P S P X B I K F Q Y N R I C C X
E D A C G A X R S C M A C I M G B W
X T E B M Z O F F R A T G V H A J Q
Q O A U L B W F A G M V H A K C T C
S Z S R U E D O W I R S J R E R A Z
R E X S T L T E W B X O G T J E B M
A K T W C N N J T C L I O Q Z D B Z
E Q T B J Z E X A R E U F V D U W P
W U R Q M N K C D K O Z S M Y C N S
R P H F F L Z B N E K S Y H I E P O
E P I P K Z H P K O E O S L I R U O
D I U D C F M O Z C C S N A A N M R
N L T V C V A L M G A D L N A N G O
U L V G C F G D Q B Z K G T P Q A V
W Z Q O E D T C E J B O L K C U N O
L E S N G O S W K D R A I L W A Y J
M K T E R R I T O R Y Z H C T I W S
```

AMUSE	CABLE	OBJECT	SECOND-HAND
ANALYZE	CONCENTRATE	PIPE	SEED
ARMY	FADED	RAILWAY	SWITCH
ASSORTED	GROOVY	REDUCE	TERRITORY
BLUSHING	MACHINE	ROBUST	UNDERWEAR

H C B G C G D P H E O P W G J Z Z J
T B M R F V R F S T T M I E I B H M
R B H O S Z X X R N N L U F R A E T
U P F U C D H X E H T A E R B K D X
C G M C B C I T E R R O R G R P H X
K N H H N Z I D S N N T L M H D Q J
S U F Y T N B W A Z A I Y Z O S D J
J O Z P E F L O A C E S U R K I A F
V Y C P M W I K U M T C T R A B Z E
Q M W K P K N P V Y T I L Y N E O B
Q T A X T F K O J R T R C O C P W Z
M Q E E P J Q R D R D I R W W U R C
A H N O T S R C I O N M T U O H L O
R P S M C M X R B W A M E K J A V U
K W C E U O C G F L X F X V S E S B
E V N F W C G Q V W K X O S I M Q H
T T B M X D A M A G E D U G P H R S
E S M H I R E X R R A B V L M T F L

ABNORMAL	DIDACTIC	PENITENT	TEMPT
BLINK	FOG	RUIN	TRUCKS
BREATHE	GROUCHY	SCENT	WEARY
CLASS	MARKET	TEAM	WORRY
DAMAGED	NASTY	TEARFUL	YOUNG

U	J	Z	C	A	M	P	E	O	N	J	H	W	T	S	M	R	N
I	M	N	R	S	V	D	S	H	P	M	C	Q	T	Q	S	X	C
T	W	T	N	A	T	L	U	X	E	V	K	K	E	T	M	K	F
L	M	T	P	O	S	M	Z	K	E	V	I	S	N	E	P	X	E
T	M	I	X	M	I	W	Z	H	O	C	M	D	R	R	Q	X	S
G	A	I	I	N	E	G	R	A	L	G	F	E	M	M	O	K	W
C	G	L	U	X	S	T	U	R	D	Y	D	R	D	B	R	K	G
U	A	T	E	K	V	J	C	E	J	D	R	J	T	D	M	U	W
Z	E	R	B	C	H	I	L	D	L	I	K	E	T	E	L	O	W
O	C	U	R	E	I	R	C	R	D	L	I	N	A	G	R	E	X
N	W	A	U	Y	V	H	R	S	G	W	E	S	A	T	H	Y	W
K	Q	I	W	K	L	T	H	Z	J	V	U	T	H	B	A	R	Z
E	T	K	N	U	R	D	V	E	N	R	L	Q	M	J	F	J	
D	N	N	E	G	D	M	X	I	E	U	E	W	E	I	U	B	M
B	V	E	Q	G	P	T	G	F	B	S	L	P	O	K	E	P	V
T	N	A	G	O	R	R	A	O	S	P	L	N	Q	W	Z	M	D
S	O	A	E	D	I	I	U	J	I	U	U	Q	X	N	R	A	R
U	X	M	D	T	R	F	J	A	M	S	P	Z	I	Z	I	M	A

ARROGANT	EXPENSIVE	MEASURE	RUB
CAMP	EXULTANT	MEDDLE	STURDY
CARRY	IDEA	MINUTE	WORTHLESS
CHILDLIKE	INVENT	POKE	YAM
DRUNK	LARGE	PULL	ZONKED

```
E O Q B K N F D U L I J K O P R Z V
L S A D B Z W F E V C S K F A S F J
D A H O E L E G C R L S H U T A H U
D G O V E R J O Y E D A H B J T O D
U B T H J P S F K U O L K X A H V E
M J Z O B C R C B M I V E H C N E T
R I N S E L M E A A M R J V L L R N
E T A R E T I L M N S E X N E G F E
G D M Z K J I A X I D H R P H L L L
U D X P R F S N J E U A F E A G O A
M E B T I R U I P N W M L U F R W T
K R S O L T R M E L S A P O L C C J
T E B F J T C A T E K D K N U V U X
J V M Z V B W L A S T W T E A S X Q
P O N W F K A S H S A H S C F C W E
G C I Q G F Q R M E L O G K L U X H
E N T I K S O E G V V P F M T M L D
H U T I M C I T E G R E N E M N W X
```

ANIMAL	LEVEL	OVERJOYED	SHUT
BASHFUL	LITERATE	PET	TALENTED
ENERGETIC	MERE	PREMIUM	UNCOVERED
GRAB	MUDDLE	RINSE	VESSEL
LEG	OVERFLOW	SCANDALOUS	WAKEFUL

D	I	O	V	W	L	G	E	R	N	A	E	Q	X	A	L	A	I
F	F	V	M	B	U	Z	L	Z	A	T	N	E	G	A	M	K	E
H	O	K	P	R	F	H	T	O	N	B	T	S	J	M	A	S	G
E	B	T	M	I	E	C	T	U	S	O	V	R	Z	C	O	U	E
L	F	R	S	C	S	I	E	C	C	S	Z	C	B	T	Z	O	T
R	R	Z	D	K	U	E	S	F	U	D	Y	W	W	W	A	I	I
X	P	I	C	A	Y	U	N	E	D	E	F	Z	A	D	D	X	S
T	K	H	N	Y	O	O	W	S	Z	B	S	V	R	S	J	O	O
H	S	Q	V	Q	W	L	T	A	B	W	D	U	L	S	E	N	P
L	M	A	I	N	T	E	R	R	U	P	T	V	I	O	K	B	P
X	E	G	T	Z	C	L	H	D	M	Z	D	O	K	R	C	O	O
H	A	B	M	E	R	U	T	C	U	R	T	S	E	C	R	V	B
E	A	Z	L	G	C	H	I	C	K	E	N	S	F	J	Q	U	D
R	P	N	K	M	P	N	B	E	F	I	T	T	I	N	G	S	Q
H	H	G	U	A	C	E	U	Q	Q	L	A	Z	P	L	O	S	B
O	N	O	F	H	E	L	P	L	E	S	S	T	N	I	K	D	R
I	R	I	N	D	U	S	T	R	I	O	U	S	M	T	X	D	X
W	A	N	T	I	N	G	K	H	A	R	M	O	N	Y	L	H	M

BED	GLOSSY	INTERRUPT	SETTLE
BEFITTING	HARMONY	MAGENTA	STRUCTURE
BRICK	HEAVY	OBNOXIOUS	USEFUL
CHICKENS	HELPLESS	OPPOSITE	WANTING
CROSS	INDUSTRIOUS	PICAYUNE	WARLIKE

```
S H J M C J V B N I N G E E X G K C
L U M G C L Z C L I B Z U L M Q T U
L K O Z Z Z D A T F V V M O O C N L
U M J R J L R K A N Q I V E D C M R
F K X M E O G B A N U E O A F A D C
J R G A T M U H G T G O L L L A V D
Q K X S D S U Z B R Z N C C E X E U
U L A Q I S Z N E N Q Q C C N N J H
G P W V C E J R L S A L H S A T T Q
P T E R R S W W I M E Z Q P F N Y T
M X E X O A K D E H O U J P H A N M
U W R I B E T R F B I R X G O N I Q
I T Z H R R O A E N T P A E B O A H
C M R U A C Z J C R Q C P P U S R C
F H J M H N S E E A S Y D E I E L R
V T R O B I R O U T E V P U C R Q U
O C H R J V P E A L U J U K E R J H
P D T Z I S P A B H J Q G W C Z G C
```

ABUSIVE	EASY	INCREASE	RAINY
ACCOUNT	FULL	MOVE	RESONANT
BELIEF	HARBOR	NUMEROUS	ROUTE
CHURCH	HUMOR	PASTORAL	SCREW
CLAM	ICE	QUINCE	VIOLENT

```
P Q Q A K Z U D I D Z O L W F R F I
Q R P A G O V E R N M E N T U H R N
H S U T N E G R E V I D H C H O N G
Q T V Z S T S A P N O X L I J O X A
R R R V T L L A M S I O U M I N O P
V O B G N I W S J M W W Q S L S M U
B U E F A S B L J K Q T S E M M S Q
P B E P T C E N A R C U U N A S A D
H L A V E R A G E A C X R S G K E V
E E A S X E K N F S X D K H N E E V
S S Q S T E P H I W B U A A M B C S
I E K V I V T D E J Z X T G H N W P
T W E Y R T H G I L F U D G B V D S
A T K T X U C E J R G E Z Y S K G S
N T Z F A G O K R B K J I H Z X U R
T B L I N S F P U M J K E S E E H C
M G J N H W L D M R A F B B K V F G
A T A G E F L M Q N F J W C W I Q G
```

AVERAGE

CHEESE

DISCUSSION

DIVERGENT

FACT

FARM

FLIGHT

GOVERNMENT

HESITANT

KEEN

MASK

MIX

NIFTY

PAST

POUR

SAFE

SHAGGY

SMALL

SWING

TROUBLE

```
O A W M C T H I C K R G J V V H B F
E D M C K I P M S P O N R W F O P A
E L P R U P S W N A S I K D I R T G
U F I Z F T V C F T A R E O G Z D Q
C U L D J M I X E D G U V K C E T F
R P W E R O I M A G S L Q C D W U W
B T R F E Z U G M K L L K I U G F R
I I E E M S A X U L D A S W W N V T
T G V A M P I L S G Q P Z T Q I E E
H H I T U I R J E X O T Z H N N W L
A T H E S Q P G M L K M W H P E D O
N G S D R U O A E D A M Q E Z F O I
K A I W Z A R X N T P E C C A A U V
F O E R R N T R T Z F M V J A E B L
U S C T A T I X O R X G R I M D L U
L V L A W F K F E H G U O R X R E I
L R N S A C T U A L L Y J Q E R D Q
Z J J J S T W E N Y P P A H R I A E
```

ACCEPT	DEAFENING	MIXED	SUMMER
ACTUALLY	DEFEATED	PIQUANT	THANKFUL
AIRPORT	DOUBLE	PURPLE	THICK
ALLURING	HAPPY	ROUGH	UPTIGHT
AMUSEMENT	LOPSIDED	SHIVER	VIOLET

98

```
J E Z V G R S E T R U K N I F E G G
T F M H P M A G I C A L J P M A T S
L O O E Y T S R I H T V E G F A W K
O R M K G T N E C C A K V P T R A P
M E W J D M A W A V O B A M B S T Q
D I M S D C G E E W G V N G N H B C
Z G E T S U O D S G G N E M I J Q V
V N P K Z K V U J M X P S Q P V I O
C E D U T C R R S J R V C U B L T K
P R N U E G N R K I F W E E N H M L
A D O B M Z E I M K M A N C D D N O
N O C V H D S A B P M I T Q K H E V
D K E Z I O R D F E T M X X A J E E
I G S S E Y S H E L L G M N F Z O R
K R N I S J X R W O O L D H I L Z Q
A O T O H T U A E G L S L U L K N U
C A L B K T N O I T U C E S O R P M
S T E R E O T Y P E D G O I B U K L
```

ACCENT	HANDS	PART	SECOND
BELL	KIDNAP	PIN	SHELL
CONSIDER	KNIFE	PRIMARY	STAMP
EVANESCENT	LOVER	PROSECUTION	STEREOTYPED
FOREIGNER	MAGICAL	RUDE	THIRSTY

```
B O G I E B T R R M E A R L O T B O
I O D D L T I Z I S H I N E B P N R
K D W E B B A F B K K V A B X A X L
X Q Q N U R Z L I D M R O D C V P I
Z Z O U B X H C U A Q Q Z F O T S Q
C H S K R X E I A C R I M T L P F S
I K I N S H I P O J R R H S L E M Y
X C K G C T X K D J B I U E E J Y P
X Z G J X O B C K I T D C T A P S O
N M U L T I M E D I A J Z A G N T C
G Z K W A D R B R K V V G L U P E O
X D A F L O D F O O D J I Q E A R T
M L R H T C O N V I C T I O N L Y O
R T Q A V A W E L F A R E I G A Z H
I K T X L A N I M R E T M X S C A P
F E G S E Z A T K J N K J K O E Z H
U D I C T I O N A R Y J R L G A I U
I N O I T A R O L P X E K L I H H X
```

BE	DORM	LATEST	RIB
CIRCULATE	EXPLORATION	MULTIMEDIA	ROTATE
COLLEAGUE	FIRM	MYSTERY	SHINE
CONVICTION	FOOD	PALACE	TERMINAL
DICTIONARY	KINSHIP	PHOTOCOPY	WELFARE

SOLUTIONS

1

```
Z Z Z C F G B Q R M D X Z C T G X R
A B N W N G N E E M B L H D N I M I
T N A T R O P M I F B E L K E X F V
T E P F L V U M F K A Q N U C B T O
B B F B A N S T S P B N E U I S F I
W U O O B C D O A N F X K F U B C
V L W D O D V P R R X L V L I R S E
C O C M D S I D Z B E Y R V N P J L
W U B C S I A R S B I P J O G R M E
Z S U D B J A L E S T X U Z A I U S
F C T V J G N R Q F E V P S M S C S
U W W Z Q T N Z F J U F C S S E E W
C H I E F P K I Z A L L N O T K C P
J A D K U U W P K R U F M O O M B T
D P V G F B M K O C Q G M Q C I N T
O U M N S Z N U I K A N I H C A I Z
F K D W L L K N L F U L E P U L W U
Z E W G K C O D X C X V P A V C H P
```

2

```
X A R N D R E M D N S H J D K F E P
N A S U E A L A K E O T T A Q U Q J
N H X I T E F W A N L E H P H E I Z
F E D R S O R F J O I F P Q I L Y O
E K V O E Q R U G K D V A L N T O E
E E O O T R T O T Q T O P I T G Q S
M H W H E A T J G A O L P U G X U A
Y G E M S A L C K T I P N Z B K O P
U A I X T A K C L B Y N I J E G L P
E N D O Z J M B A J K S I L B Z O L
D V P I F Y B L H V B F B M O P M I
I R A W L W N N C Q H I D H I Z D A
C Z L F O G I B J S R M G D Z N A N
R O P K S R H X H S G D S F I V A C
G S K E Q A K M E S E M E S P A M E
X O L A V S R C E G S C J E W L M I
T A E R T O C K W Z O X D J R J O K
C R V Z L A T S I W Z T D M U V C K
```

3

```
G I X P I P W W B D F U T N A I G P
E X R E H T I O L E U N T B K B Z Y
C H V R V N D I S L I K E G A E G T
O R I I M U E P U A G C N R U L N D T
N E I X D V I M H Q I V I E E K O
O T F T W N X M B M X E M B C A A N
M T N S T E S V I D A S J A S B G K
I A N M W P N Z T A V T Y F P R K U
C M V T B E E S I V O P E E R U Z J
K A U H X D E K O I M X R H X P O A
G E U G K R G U M W U F O G T L A
W J K O C N G Z S C S G D D S C G E
B F C R O W D E D P E U U H B E C I
M O R Q F O L F U N T N K J B B R X
U Q I Q O H P H G C N L T Z Q W A X
O P P I I D R C R A T E G R O O D X
C W A G J C V S S D I S T A N C E S
V M H M O E M O C N I P M W X A V F
```

4

```
R S F M M V Q X Z T D N H I R S U R
T I I A Q U X J R J Z F U M I K I L
W L G W E I Z R E F A E G G I D H F
L E W E U D S E H N F P L L Z E N T
P N D H S S G T I X Y Y R F C G N A
B T F Z A I C I A F R T M I E G U A
B E L L I Q V T F L O K D Q I K I D
D F G M S J J B D E O B R T R I G N
E T N Z N E H P N H M G C M A L N U
L M E U V E U I A F Y P P E T I O O
I A D L R D W U R T X D J C E V R A
C T S S L S K R G T N I A F A R A N
A C N R T F A V M V X A V C T N T H
T H I A A T N U E A T I D Z O W T N
E U R M T I R G I U T W G I E X D B
P I M P N T W G S T Q Z U E N X D Q
E X Q D J J P O S S E S S I V E J L
C I C T I C L U F R E W O P M P Q L
```

5

```
O Y K J W D S N L S F A C E I F G Z
R D X G D V W L W A U Z K Q Q L S V
B A T N E U Q E R F F J E D K E S V
W E R B L G R I R S P R A X S N V
G T G W E R D A H A J N T D T H A W
C S W F A A B F C J E T I B C N I Z
L M B Z F Q V P C K I O I U W A U Y
K A I S Z D D F O U P B T S H T I R
B B M C E F U R J Y P D D E A N E T
M R Z A M R B G I P Q U Y C S L K L
R T L R A T J U F P P M K E A A Q A
W A A Y L I X T U O K L C C O O F P
S F E H Z F D T W L E T I H M K D W
T T S Y W N J U N S U T N W A N X Z
E W G X E K B R E V I C A E E V O F
A A S Q B S N A W L O S P O R V X J
O I Z F C Q O L O N R P E O C H T V
R E P O R T A P B I Q Z D P E X R F
```

6

```
V V G L G N I N I A T R E T N E T F
I P O W D E R Q D R A E P P A S I D
N S O Q D E A W Y T T A R T O A D C
T U N U F L T R Z D F R S X H A N V
E J M E X I W L E T U C H H M Q H C
R H Z S K B L N P A T H E T I C M H
E W J T E S Q J V E C R O F P P X O
S T T I M A B A S H E D D T C H R Q
T F Q O D H K Z S W S M O E K U X H
I L J N N I P X G G E M S P N C H R
N I J A T R F L O E N D C B F U A W
G A N B V V U F T H J U D S I S X P
D F P L B D M I I S U H G U X H N E
E M B E M D N G V C D L H S Q I O M
A W Z B L G T C A U U P L E I O Q I
B G O S X X I B P S W L K R R N E E
E C A P S I L A B E L X T I B B A R
L A C I S I A D A K C A L H R M C I
```

7

```
O Q T Z R G L L R T M O R N I N G C
G L I G C M G F P Q L A F U V Y J K
W J L T R H L N V G G W E D F T F H
B T U L A A E L O S P Z P I I E Z S
D U D B S M J S E L B U T G A T Q I
N L D H D X U E N S M N U R I T S W
A A Y I D E U C I B E F L P R S U U
L R D K E D F I K D M E O A E R Q F
S U L O R K C I I F S L I U B B Z Z
I T E Q E S V I P S A L G N I H R N
G A I F T U B M K X H S I N A V E N
A N W O T O E D N N E E U P D V J O
S N N W A L J N H A I N C L U D E X
O U U I C L B W Q T H X P W Z A C V
F W Q G S A D G N I G A M A D I T K
D O D K U C U X P U N E F Z D A I N
S W I M G C O K J W D Z E A B D M Z
A G M S E C R E T K E F Q I G D I Q
```

8

```
L Z W J K I B E E F K E Q U E U E B
A N B I T S T S L N A R R O W Z I E
C T I E G N Q L A D U V K R O Q S U
E Z P S D W F F V A C S U S J S D Q
S A W C H A N V D Z U D B J S Z O S
U F T Q C A R O N S G P Y V R U C E
K W A T J F K K I O A A A I T X I T
G G D F P J L E G T I V G G K X W O
L D Q I L F L R H H A T O O E Q V R
D T B G V T C N V L K L A G Y R P G
I S A L E I Z B L L Z Z E T N I Q D
M B F U G L D F X V V T W R S I X I
P U W E B B C E I M O R J C E J C I
F L H H C A E R P H U B O R I N G W
H V I D S D N E I R F X D A I M G C
O K H V E R A C S D S N I A R T S F
C J L T B C I D B S E H C P L F X I
O L U F S S E C C U S A O T Q V H M
```

9

```
W Y V U Z A R A V F I Q P D I K D E
F T L U U A S X S X J C T E M Z M A
G S L D D P C U C E O O K L J W D R
Z E E I I A P O V M B L K U X X E O
M T A R B E N I P S C W A F G L S F
X T I T R S F L T S V S M T J M R P
E N G B C V A L M H C W Z H A T E L
G D V I H I O E T I P O E G T H V A
B E O D N W K R T L U A I I V N O Y
M U T E W C A S U A Z E R R L F C G
S I J G T E U F C Q I A X T U B K R
X X E C U O P R A G S C F B Y A N O
T T R T C L L G L I G L E V X Z T U
D M G A E E R S U Q Z C J R V O V N
N E K H K A P Z W Z K Z B I P J F D
S U P K H P U M A R B L E J V P N T
C I P Q F R B R O T H E R T U Z A M
R A P P E A R S R R E A C T I O N S
```

9

10

```
B Z Z K P V G S G T S U O V R E N N
U M G E L B A T P E C C A D U L K O
V L S V S A L H C R A E S L Z Z S O
U N B S E Q T G U L F V T V T M
M H M U P M A A W Z A T V F W H I I
A T B A A T G D K V H U U W N M I C
L D S E E R Q E X G E A L D E L U B
O R H G E T B Q I E T I W O T A L A
K O W E X J E E M B Q O L Q H T A S
G C X D O B W A Z U N S R Q G I T B
K E G L K C T L I K T W X R I P B S
K R L F E Q S L X F W Z B H R S N S
A Y S L E J L S P U T U W Z F O G H
W O A G D X F T I P M T I G S H L R
U E T E P M O C C K T V K W Z I V K
P P N X G K P A N C A K E P B J G Q
S T P O N K U T V C S V I E Q Z P P
U F H T W O R G M E J B O R D E R E
```

10

11

```
I C K E H Z H S A S R B T U I L B H
K H N Z Z G N S C S W J U R D H T Z
R G P J J J L A C U C R I L U S D A
D D L M M N J N A B X E K I B R A P
H E E E T N J G V T W P I S S J D B
R T A L O G E E E R S R V K V M J R
P S S O O V Z R T A U E Q E T D O E
Z U E D N E I K N C O S L S S N I R
S G E I J C S K Q T R E V Z A E N O
L S T C U H M W N S T N M U V M I B
F I G K E A N F U U S T F V I I N A
G D J L T N L M S A A A F U V J G L
K W J L A G T E U M S T V N F T B B
R G R P D E R T B R I I X S P A R W
O E K X E G H S F M D V U L D K X
V H N T S I L Y C P R E W P C H H H
K O C H Z B O S J L M H I G C X M M
Z L N V Z P X H H V E D T B T J S D
```

11

12

```
W B M W C U X M E L B I S S O P M I
X X W T A Q M P B K J S A I L X H Q
L K Y P O U T W D A I G M Z R U X P
A U N P O O S D Z Z D A I L I L E C
U O K N M H T I E S K X T P G U W B
G K W V E U P H D S M K H Z X F M X
H E B B T Z R Z S E S O Z Z J N M Q
A Y D R Q A T G I O S E G O X I H Q
B M T C I O L I I U M T R G G A D Z
L B W I W J N F Q E R P Y G D S T
E I S D R K H R D Y G L T O M K Q T
X O J S W O V E K R H A Z S Y I B T
X D J B T R H M R Q A E Z I Q T Z D
R R A V W X H T O Z L U K D I W C I
T C N I T S I D U M I Q G E G M B B
X X J N V M X L A A G S L D C O K N
E S Z I X U K K X O F S H Z D V Z F
K P I R T D I J U D I C I O U S Z A
```

12

13

```
K W U F A T T A C K S O R W V T X G
K P H P P X A A V U F N K G A E J A
A D E G D E L W O N K B W U V V G L
S C N B Q A R I B J F N M R O F D R
A H T L X V R P L A N T A T I O N E
V F N O Z U A U P L D F X E S X A F
O J L W C F X V E A O V G Z P E N G
I W V L U U B E L I N M N C E A I S
D H N Y E C N E U L F N I H L C A S
K Q I G D E E M R U R I T Q L I R E
J P O J H J A T S B W A I S O E D L
D G J N T C L C G V K B C L U D M T
R L U O C C E B F Z T A X Z M E Z H
D G H I U P R B T K R H E B L F U G
H T K K D C T Z H E C O P P E R V U
I G A L D E F V D M K G R Q F R B O
F C H J S U B M C I T S I L O H S H
P B J T B M F A M I L I A R P J E T
```

14

```
E C L O I S T E R E D P S E J B J N
G U T C E F R E P J P F C K C A C S
W O P E P D P W P N H A S R I O V B
F C K S S U B H E Q E C L I B K S B
X R F B K B Y A R P U C U E U S C O
X R K C C C D G G V H A F R M G O F
R E C M M R I V E Q Q G O O P N H D
E D U L T J A T S J L A U S X I S T
V R R U I L W Z G K H T R R W K U M
I U T N R X T G Y W C N A E T A N B
A M H N M P F U E N V V U N U T B B
N L D R A C O N I A N A W N M S B B
N U C N E C E S S A R Y Q I W D D M
F Z K X X P T R A M P D N D G I G V
G N K A Z H T B I A B R A J B A F S
P C J I K E T A N U T R O F M P P J
I C C H L Z A U R U G N I T L A H U
K K L G V F B W L L X K M T O Y S A
```

15

```
L D C O H G L A N G I S T K W A X O
H J V E C Q F E V O S W J N H A X V
T X C R Y P Q I V T H X M W Z A V L
Y C I P S I Q M G I B A H B B B K Q G
D E S D R U J M P C S H I U P J G
J T Q W O L A I O O A I F E N C E C
K L E S O B N I M S L C P B L T B
M K J S E L C E S C U C E E Z V Z R
A Z D D I F F N O U F P O N D A Q M
G H R D G A P T N A L H Q J D O P U
E E S H R K R K A K O R S O I A J S
W F G B D N L V O K W C J I Z L R H
M U O L D P R T S G E M M K M A U Y
T K E L D D L O N P R K U J F A N P
E N O W O I R Y C S U O I R O L G X
H F J Z D L I J R P A J T F A B I H
E K F R A G I L E F O B M F A D E Q
N V I Y E L L O W H L P M X G D V T
```

16

```
M L B V H R D H S E A R L Y X X L J
E U J G J U F W I R E E G Z K B J K
V F M H I T N E B X S L X S M S E C
I H W V M F O V W J Q Z N W U N Q B
S T U O A G C R P I M V S A R I D Q
S U E R X D B S P E G R O A D T N S
E O C S S S V A R I O U S K G K D L
R Y N L T T W R G H D Q L C T V C O
G T E I G M Z U S W P U S S D X B C
G X I A L W B A J F Q M Z H W X V E
A E C H A T M N A T F Z N L I O Q A
E U S R F S L F C U L T U R E D X N
I I N A S I M E N Q A M V T E O U I
F A Q E Z V L N M O U M K O H P N C
C L H J X Z Y K T E N Z L C Z F A L
R C A N X N E R O B O F P X O E D J
X T F G G Z A H E A D I P T N S U I
I E F E P A R S I M O N I O U S U F
```

17

```
N V V O L M X O E T R I C K Y A C M
T U M O A T G L L Y Q T K F J E I D
J S V T P O J K U R E V W P B D T S
V O K W U X N O A L L C R W B E S Z
Z K Z B C N M E A A G E Y T G I I Q
S A F N Z R P X P G S S K E N R L B
S R E T S I S P I E A Q A O I R A L
K D W A A Z R C R E Q S W K R O I U
R X B D F O O V R N W S P D E W R S
F P B D V M E G Q R G N E E D M E H
E T R E U Q I Q I J E X N V N R T I
N Q O O T A F S C K T A A U A B A M
T A X N K J U G I B S X D R W F M U
E U O C K O O O H G I E W Y D H P U
R U K K I D L G S F X W R L E D I W
W P K X S T S E V X T T M K A U H U
L O N L W I E A W T N A V R E S U O
R A J P S N V U G S T A G S F N J M
```

18

```
U W I O E D N I B C J T R D L O C P
R L O B C B D Z I A B R C B K D F G
V H X O W L L W R D L R X N W O R D
N T L R M B I U H J Z F O M X I W T
Q C U A N R D C J U D A M M Q W W B
C N N N T A L J I S P X L P A O F O
S N N G M K O V M T G L C I R L C M
A V W E R E B Q D M Z I W D W D I R
I C G M C O W P G E T T E F W B Z E
E J R C U C N M M N L Y R I C A L P
H A F I T X E E A T M I L K Y D F R
U N B C D G S M L J D E T F I G D O
S B L T B S O M P J E C U O C E D D
H A O R U R X W B K L G V I X X N U
E J L P W J K R X M T M D S B U C
D W L W L O O H C S N N R O N A X E
C S H R I L L B M A P U K J N G P I
E E T N A R A U G S H T O U G H Z N
```

19

```
K E B Z L J J H T A N G Y Q H D G X
J G Q S R R R E S P E C T M E N H I
A R O S P O T S N O N X X B H I A S
K A J E Q Z T C I T S I L P M I S M
W N W L H R U O X S M O O T H D B V
D R V R E R E A D O R A B L E X A K
D W X E I C O L Q U L X D O X L W X
E W S B X N K N Y H G S P P W Z A V
L L T M P W D X A G N U O B K N A D
I B Z U K W A T G A A O L C F V D C
C K G N X V D H R O B M Z W F P L X
I D E B Q S F G T X F A H M M O U F
O A G R E E M E N T D F C G S Z O C
U V A A Y T H G U A N F E M N J W
S U E R M N A K M V Z I D P W G F U
A J Z G W E L B A T E G E V G Q B W
O A L I O C D Z H E L B B I R C S D
K N J Q A D P P V C O Q G I D D Y X
```

20

```
K P Q I B P Q U N E Q U A L V J Q M
W Y L N A M O W Z B E L A W M B X F
W H Q N Z B R G L O W R Q V I M Z M
X D S D W Q L U F R A E F N X T C X
T X V T I I T N E M P O L E V E D V
O D D Z C U L N Z S D E L B M U J L
M U O E C A P D H R K O A C B D B F
S K N J Y Z R A E Z R L M H M O R O
S S M R W E R T R R L R N O I T A N
X N E T U E E C T B N L M I H P B C
V F O L G L U U A A O E U N C L E R
G N Z G D D Y B L T K P S S Q W U U
R N V A D E I J D B V U J S M X I G
E Z W L M E E L N S P S N M D T L S
A V Y N S W R N H Z M J W G I U K D
S O M S W J J V N O A C O L I S J U
E U P J N O K T S H T D R F C K T R
A J O F K V T H R A H S C N H A G H
```

21

```
G E S T B L U C K Y E O H H I F P P
U H P U V J X F H C N U L A V F G C
N F S K A I A F P X W X I D N L I J
D E U N S M Z W W X E R U D F P S B
E B U L O L U F T H G I L E D W U A
E G M O N R A E N D U R A B L E P J W
G Q L N D Y T K L D D O D L N O L X
A B G R S R A C T S X D T C R H P M
J K E M R I E O H L W E E K B S I L
P A U N B G A S N A R V R E P P A D
V L S T E Z N Q S I N G L I Q H Q I
C O Z E L F I I N Q S G L U I W F N
P U Z M I S I G D N H L E K C Z D R
R E E F Z R N C I N I F H A Z R Q A
H R E Q U N I F I F A I K H B P S Y
E J D T K R F A P A B T T U M L A W
Q I D D S F H O F F L J S I F F E J
S W I F T L M I M P A R T I A L K Z
```

21

22

```
X C B O G X P N B Q I C F S I V R I
I O L R L E B R V S E H H U P P V W
G N A M E E U T X G L E D O R P P Q
S N T H P A C T J Z R M Q I T W D X
V E S F W S K R K G I I C N N C O R
N C F N D C F A A E S C M O I F W N
O T E C G O C S B P K A L M S P N A
I P A J O W U D B L K L M R V M T N
T S U E X L K N R Z E G T A Q K O U
U L H N M M L N R E H I C H T O W R
L O U H C T V E A C H I E V E R N A
L W Q F C T L H C W M T N E N Q D A
O H K W W B U Z K T A J A K E Q F L
P I E O Q A B R H O J H X E F T Z W
O P K S B S Z H E G X Z F W H P J
E E E S I V D A E N E D O O W A U N
E B S I S E L E C T I O N I G D F U
Q A D E T A L E V V L M A M P R P F
```

22

23

```
G B N S U O E G A R T U O C E F L M
C M F F W E M Y H R E O P E Q A U S
L E V V R I V D Z B F C C T Y Y O O
O N P V I R D P D H I A C O O T R U
N J H L D U D B T S P Q R H T I V P
R M O Q M C U A H R M E V O H V E E
O N O R M A L V I J I E W O B I V U
Z E M P N L W C M V L K L I K T Z U
L K I N Q Z I J T U J P S L P C L U
E O K V L O W S F T H P C C Y A C C
W O G I U Z E N H A F D N K L G X B
D H H S I R I T V E N Q A B L L I H
X B X R R A C E V I L A L K A R E T
B Q B A P K M E D I C A L G R D K X
L H V R Z U K V C A A K G A E L P G
L K N I M A G I N A R Y K I I O I E
A B P T C V I O J K G B S E B G X P
B Q W J L V S S A L M I C F V C W G
```

23

24

```
E K U N I D H H N Z L Q S Z H O T Q
R E H L X H Y D R A N T D G U T R A
S Z R P G M Q A V T B A E E V Q C A
H I T Q F F U M G A D E E K B B C E
D R S T Z C R T U N E T A C J S I K
N O R Z Z H W I I B B A C S J S I K
N M I S Y E Q C G N C C O U Q E B E
P E F T G H G L A H C U S I M O P J
J M S R F R I E N D T D N Q W L E O
N U B B O X G U T A H E I D O A A N
D S T F S I S F U Y A E N O L W A P
K D P T L H U V R T M K S E S S E Y
J R E E V I O D K O G R C I D Z G H
H O N E F D M V E L U K O O V O K W
M G C R Z Z R Z Y P A I A T L E T Z
O A I T D C O O B D O N C E S N I S
K L L S S D N J R C P B Z R W S U B
C T J I T W E J Z U W B B P I W R P
```

24

25

```
T E P T Q X A N A U S E A T I N G D
G I C I N X S H C A M O T S S H K X
K T G P V Y F M F G X H G X G R K M
I W C O E F H G N L A K H F W B N B
K Z O S R F D R U I U Q R Q E E O U
G U U U N I E S S T X F G T X L I M
V T R P X P G A O Z J E E X N O T F
G M A P O S N H C N A R B R B N I L
K J G O R B A D T Z A M X N A G T E
R B E S R A R W C R U W O P B C E J
Q A O E G K E F L Z X P K H V K P P
N E U B Z H D F H G J L Z Y K N M E
S O S S Y R A R B I L E E S P J O E
S M S Q L D V J K O X H B I O X C P
T I I D S C C A I N E W R C N M T G
M T H U L E S M L H M L A A E G R C
G D M W W O A U H V K G Q L D K U V
T N C B B U N F C G Z D A G J K P M
```

25

26

```
C R G W Y J P L R H W M S B O E J S
E A E D R Z P L L C G R Q K U K A S I
I A G J C G E K D N A S P U B A C Z
F N Q L E N B E Z P K C W Q T I C A G
A N A M M U F M R J L T K X D F Z S O
I O I A F N E R S B A O S I V I E R
H I W Q D S C D I O I E O F V S X D
T N F E H K U T M D P B Q E O E D E I
W G T N E S S O E D W Q S R Z Q U D
Q J K D A U R R I H L L S A E K Q T
N Q E B R D S U O C C O O P L K S R D
O R N T R C F U A N A I C M I I E D
S P A R K U R T O S T C U O L K U C
W W W X E R X E Q Z O X I C E O T A
I M U E T J K Q C H Q N W F M V A P
H R U O R L I A F G E S I V F H T X
X T C U N Q U A I N T G T D R E S P
```

26

27

```
D T Z D T A G O N I Z I N G S G T Z
O B E D I E N T J E S A W D Z R H N
E E P O H S Z B A I G M N I M J I O
M Q E D E Q Z R W W B D M Q T B R Q
N H C I M U N K X M O O R D E B L M
L B A Q L E P N P L A U S I B L E X
A O F F U E U E Q U H A U N T H A G
E Z C N W Z Q E N T N E N I M E T U
R J W I F E H E H P E D F S T A V C
W L G V J W L C R L Z Q N N P I R S
P V H U X C J S W Z A T N U G I S C
A H D I S Q W N N G L X J O X R U J
H R E U T T W Y X Q B P R M O X B P
E M M C Q J Y C P R A O I V K T A B
H Z V B I M A I W A U N A T V V R J
F L I P P R Z U G S H L T D M P K U
U B N B D G P J M Z F D E I N I E G
W I H U D S N T Q Y M M U Y O T E F
```

27

28

```
K A Q P K B K T Z D S S A R A H V A
N E R Z T E R J T R D C X J M K S I
X F H N E N A M X E O M Q W E W K H
R M R Y Q T V M J T N S L C M C X A
O A W G R X F E A U K T B F O K Q F
T R R O W E Q B Z M E B K B L E O P
I K E S E K L J N Z Y B R I D G E X
S E J S T L H E V Y O C B J I W O Q
V R I L E W M A V D L E G A K O T I
B J C W S C M Q N U I I E W H R H L
E P E A E T P E F I N S K L R A H A
S K C L D E M R Z L A I A L S V P Q
I R M F E I E Z G O M T M G D Q N Q
M W B K R E K E K A W A B R R B H S
O Z I Q H W A B A N O O U O E E K K
R H T C T H U N D E R N G B F X E D
P F O L C J A C E L B A R O N O H V
```

28

29

```
T W S R E D N A W C G B Z N Q G X I
U I S M C I M W T H P Y K I P S Q C
Q D E H H A Z J K S G T J B W O D B
C M X T I D K W I O E A H H O O C X
I X L Y C D O E D R H N O E S V I H
H R M H P S S L S O C B W K C E W R
O R M R T V T N L B D L I V X R J X
U S O U L A G R P I H A U E Z R L X
U V P O T C C K O N Q D E O L A G M
E I Q R C G A A Q U E E E V S T J D
D H O H Q T M Y R J B M Z T K E E E
C H M J K F T G X P G L E A T D Z V
S G N I Z A M A L F E O E Y K Q E E
U U Z Q E B J Q M B F N P D I U E L
R K R M N L E Z C P B S T D C C N O
W U H K Q A U I Q A J G C E Q L S P
Q P B Q F E T B W A L E W K R N Z Z
T Q X I P S V X L F T K D D E W D F
```

30

```
G I I E B X G L W H B L F J D E N D
C Q E K X S M A U M E S S Y G I I P
P C E H Z D K D W E L A U H B U G K
L R R R U E P A W E K Z L V X F G C
E G G T K S I M Q F L O D A R E W E
L S E V P C F A B C L N Y G C B S P
L H D G A R I N Q C H I L D R E N S
A O R W B I R T B M U X N I A R G V
R E E X O P F B E O F E E T V G V I
A S T B R T V C Z R I A N O B E D G
P V T Q I I P L Q N E F F A R I G O
L F U J G V J P L T S N O R E D F T
A W B L I E V A Y L E V O L H T R T
H P Q J N Q U I V E R L F U P B L L
T R S P A O S N D A N A B E D T Z C
S U Y H L C Z S D F D N H K S D M
S R O O M T C U H P E F L G L F D V
D Q G S B G B T A T S X H V Z N V P
```

31

```
L X N K D B H J J F E X O Q C C N Q
X E L P M O C D O S N C I I S V C S
N Y Z A L Q Z C U P B S N O D Z A P
S D C C S S I O O B S D P D U N T E
S H O W N L R D R U I A T A S O E C
R O B H X A T B C X F H W W R Q D T
G L I E B K X E L I H H E L N E I A
Q L A R P P K C W K W R S V O G O C
E G A V P R U I N T E R E S T H U U
P B B W K N O N D E S C R I P T S L
L A G M H W J F F A Q U P V W A X A
I B L U O D G K I T L R M J F G F R
M L J N T A N T H T E C U B B N D J
P I P Z I A G A F P L J T P B S F
I N O A P S I N E A O Z E D K Q Q J
N E S N D R S R T A R T A U N A H W
G D L E B D M V T S J A O R G M Z
Z H C H X M J S J M K P J G D C N M
```

32

```
M C X K U X H L O U T I S H B V S O
G E N G I V H V X U W L D D R H E X
K I J H R A J X H K C J E E N W E N
P W L O V I N G E S F C P Q E S M U
Z A W K S N A I L K O M M L X P M L
E C N U O N N A R R E O G H R T Y I
A A L V K B X Z A T Q B G H P P E G
L O V Q O U Q T U K D G U E Q W V B
O Z H W G L E J R E O K L A W M G M
U E C N E T S I X E A C T L W L S J
S E S U F E R V E V S X A Z I U F J
P C T G I B T U C I X K S P O P R S
H T U G N I T N A H C N E E C M E K
K R D D P T E P A X H T D N V B S O
O O S A V N A C M C L I P G N Z M U
R S T H R O N E A J H U R V J M U N
H D W N N P R S W E S O R I H S O
I X I X K E J H O W N H C M S C C E
```

33

```
O E E L W K C N O I S N A P X E P U
T C P P L K F H N G F H U R U E B K
E B L I O M P B A S P T E A E R U Q
R T M O R S W U W X C U G L I E P A
G G R E J G U N S A V T C X T N V G
E C A H P Q A H V A G U E J H I F O
R V X C I T A R R E T R W C R G L V
P S Y C H E D E L I C E R I E A L E
M A A F T E R M A T H S E T A M G R
J T D R E S F V G F U O C N T I W N
B S Y A L E D V Q U Q L K A E M A O
X B Q B E W E D O J A U U G N X U R
N V H C E W E U X C Q T G I I M O I
K X O H C U H B I L H E J G N W H Q
O T C S V D T N C K C X Z J G E M T
E D E R I T Y O K J W D S N V L W G
T E C J G C O J E B D K C U L M A O
E B I Q O U J L D J W B L F P A I Z
```

34

```
P C Z Z A I O C J S P B I I J D P K
A M Z X C P J O Z D I O V I O T R V
N X J O P W C P E T D L L S H A P K
J O H K K X X A E O U F C I G D N W
I D O N I S R F J F I C P L T I W M
A J D C H O D J E I N O U J M E P S
C W C R A S H T K Z L V D W R O C T
I H N I I X A P T U T U X U U K O A
D A U P R R Q P F O N N Z R C U P S
P O M K G S V E X F M O E J N K O T
L A T P X O C L X V Z A S V M T S E
E T I N Q A I F S G N P T E E R Z F
A V D C P E W T D W S K U A O H I A
S O E P A Q O B S E R V E W E T G L
A N R U X S K X B S K T F H K S Z K
N A C W F C T L X J P M V U I C Q K
T Q J G Z A J E V A U C W O B O W A
K X I R Z G N I L A E U Q S S I B D
```

35

```
V G K K Q V O F G E V D D D V W F H J
V A O R R R K N V G K X T C V T C X
S V Q K E R Q I O X G R U F N V I S
L F I A O Q T O G A U G S C P W R U
Z X V B R H Z H C U G T R A F U O R
M P V D U T C O U T U T R O F O E R
Z E A F W Q S L L L A P U H U N T C
Q D A F F Y E A S L O M O O Z B G I
S V J E M N K F T Q O V P E Z U Q D
W T P K T B E K R S E W L G V P R U
R L A L G F A G I M G F R N R D H L
A A O R G K E R P A S K L A S A Z X
T H K N T Z R O P E I Z M R B J C J
H T R T M J E O H T E D N W E I R B
F E M J J I C L B S Z O G W D N U
U L X K C B N F T D N H T D V W S B
L H H V G S I A C W C P B H P O R T
R I D H N O S A E R L T S E P O G H
```

36

```
G A E L L S L A G Q C W K Q T E A T
K H R Q V P M C N H E M M W A I I R
B V H J G A B M I B E G M L L E U O
G I J W O R C X O U S H B T D L B S
H X R Q W K C C O Q E O X E H E M K
E I J V R L Q W C N U O C A I W B P
A B I C E I Z M O N E E S I U Q M
S F Q H L N X W D C R F A B I M B E
T J U E A G F L R P F N R A T C P R
K D I E X T E T L E T M O M R X R S
N I R R G S C J N G L W D I A X X O
Z D K N S E E O D A T B R I D O T A
B P Y T P S C R C C R D A G E O D F
K E O I U K L X I S D R H E C A P I
A H E O B O V O X M X L E S K Q R S
D R N I K A F L K T D T C B S I A H
B O E G Q D E O H S H A L Q A A L Z
X K T T I C K L E J P A Z S J G M Q
```

37

```
C S O E F F E C T U X X O K K T X J
P T R D Q Q X T Z B P P N U N L U I
D J Q K H D G U O R C E W E F L X K
B R F H L G U T O W G W T T P U E U
A F A L A E T F V G W O B V C F D G
S X Q O J F U A S Q J X D H F E C L
N T B N B S Q N Q W V N H A G T D V
B X R Q E G V A W W I A T L H S E N
K S R E S X Z T G K L A H G B A N R
H K S Y A U T I W K Q H I P K W O M
B M D E K M Z C A W E T N H B D D A N
M U G R L A M A X X G A G N O Z N N
B J T O A B E L F U F R O A P Q A Y
O M P O X W O N N S N P R K N T B H
J J T B C U E J S P R A C E S N A G
F G T G D L L R B S F S S E R D F P
T N O I T A V R E S B O O Z G A K P
O E L T T E K R C O L B J B H V S E
```

38

```
T H D E Q L X M Z B U P S E T B W Z
J T C E J N I N O I S I C E D C L F
K T T O U C H G L O Q A T F O N K P
V V R E S B O U Y K V F M F M E S
F I H G O K X E Q R D C B C L Q H G
H K C N W T G Q A R V X M E P M S L
S C G I A C C E X A B R G J B U P R
I A N S C F V O D M A W U L T O T E
M M V R O L W F D I C D R C T X Q H
A I I M N I E L C T C X A S L R H T
E M J E S S D T W X I C T A M W P O
U L O U D Q E A G J D F T B S I L M
Q J L A T J T R Z P E Z R L C V S D
S M V T U X C V F U N O E K F P E Q
X F W A B P I E S J T M Q C I U N G
V R G K V D D Q W R A F F I G S J
K H M Z C C D W X E L W B L H O E H
E U M X I F A V C M U W K B E N V F
```

39

```
X Q Z I V S D R B S L I A N S W Q T
T L M N W Z U G R W Q H S A U Q S I
F H R C H O C K J C Q E M P N E R C
X N B R S K K H J F Z J A T E P P A
M Q A E P S J F N G E V R R H O R T
U Q T D Z U Y Z V M Q O B D M K U L
D T T I B G P A O G U S N N B S K Z
Z R R B R A M N A S U E D R I O T Q
T D A L Z R U O E O P B U N V M C G
S E C E A E B R R S Q S K O Z N W O
A M T D B K S E U O G N I D L E I Y
Z R I G R V G S U G I F D A E B P H
Q A V B R N Q L B M O O B S D T Q G
V N E D A S C H F P Z A E L D T C K
E U N D C Q T D O M R M R R S V N S
B G N P Z F H D S R W Y T K J K C S
H R Q P X K D T E A D O V J J T G U
G D I S C O V E R F Q U P G W Z C J
```

40

```
A H D J Q Z M I T T E N P J Y B A G
L V A S E C M V D C P H K F F I I N
P N I A T N U O M I T O O M S F T I
I Z Q P X E F E I R F L C V I U E M
L V C R Q M U S A C F F J U T V K R
S E P A B B M P K L H W K F A I O A
S N A C N A D L Z E A S M H S V J H
G W H T W M A M M O T H B A I W J C
U I Q I G R R U W G I W T J D A C P
H G X C P J P X Y T J D S H K V Z X
T N H E W Z L L X V E D K C U T E D
F O P L N O P K D D M K E X O P Q U
A R O J R E G V R U P H Z P K R Z F
S E G T R O K A E M C M L W W F I D
B B N H E F U L M M I Z W W N R W E
X O V R T G S Q H N E Y R T N U O C
C G X X E V Z O S C O R C H N B T N
D I T N K M S K K M M U F G Z G C R
```

41

```
B J J Q A A H Y T T E R P E V U K C
A Z O Y F R M A S D E T N A H C N E
S W Y A W E S C R E E C H I N G H R
T C O R I M F I R G J I D M Z U S G
G Q U P P A T L B H Z T L P W S V R
B L S S I C R D J U Z H B O G Q W G
G A U T B T C D E P N X R L N I X B
U U K C B L I N D B C S K I E U W U
M T V E F F F M K G R P I T D P B N
H E F R M Y K N U H C U M E G J U B
H P L E B J C N Q E Z J T L H U S Y
O R U N Z E E P A C S E H S W G I H C
J E B A T R C D V D Q H T D I W N C
W P S B O E W G V L K C O R K D E T
R G R E T T A C S P O Q W H D U S I
D R U M R R N A B T I M D A C L S P
U I C W O O H T Q R P J R P G T X F
U C N F I P F S U O E H T G I R O B
```

42

```
S Q O C B A Q U U B O M S W T I I C
B T D H M E G C S H H G U O C L B O
S R G D A S X A X P X R R D D L S N
O A N K E C U T T E L H X B D P N D
U N I G M A P X N S W D U B O L P E
X S K O C U Q I J H R M T B N A M M
B P C T L J H R Q V S A T G K R A N
V O O X E B V Z E T E Y D T N B U E
T R H M A B I J N N H K R E I S H D
K T S C N M O D G G W F A L C R O G
X W V K J X J P I M T E L R D Q Q X
A B Z P B F Z O N T A O Z V J B U C
B N C A R T F C E B W C S G R I R R
V W M E P M C B A Y B E A I X K Q E
C I T S A T N A F H C Z E B S F E V
G P I H B M E X W M A F X Q R O P I
V I V A C I O U S M K S V J X E Z R
Z O I Z D Q W D C D W U A E V A H S
```

43

```
I W A N N E K C I H C B B E S N J U
N P R D E O S G A V S E K Z R Z N N
J P U P W C C L A S S O L O C O P K
U I G P H X A Q J B L A J Z A O B F
R L Z N P C P L K Q A O Q G W C D J
E E B O I I P A P X R Q P N W I S S
F P P Z L R T A O B D N O I N T T R
G M G K R A P Y C E Z Z F D L U O P
N R Z J S T V S E S Z R K N L E D U
G T C N S W L O T X I O J A L P I K
F G O U A M Z H R C Q W L T W A W E
Z W D R R M M M T P H A R S J R H L
Z K M I N W C I I X P D I T Z E K B
U A N Q B H O X O G K A C U K H V A
D G D A D N D W L Z Q E G O W T X B
S F Q K Z G W V T D H Q Z R J S P O
C F E G N A R T S Z T Z N B C S R
R E L I G I O N R Q O D K E C B T P
```

44

```
Q D B V A L U E U V P V R M N R O F
E H O B B I E S W N Q L Q A E I L R
H V K D D O R M F B P W F I P A D B
B H H A R D T O F I N D E I P A M H
S O P E N M I E N Z N L Z O A E C V
U T P N S T P V J S M W C D H R B K
T E D R I V I N G R R P P A L C K W
A K H P U V W J B S B L S I I R W Q
R S M F G E C H H V M U C O C Z Y C
A F X F H H N I M O R E T S U L M R
P C O B W E B Q T K N H M T P H I L
P D K N C L F Q S S O A K O O N L F
A J B U C Q C O E J E P G N O N S E
J A N A F V M R J M G J W E U E B E
B P H V A C A T I O N X A T L S O B
R U Z Z H H Z D A G D J F M C H K L
C G V A T O O F J I F O L N Z T F E
J D E Q M I N I S T E R E L I Z D C
```

45

```
C L I A T F C I F M X D Z R I P Z U
O S J Z J Q R V D A O L I D Q T X E
L Z X F F E K A V E P D C M L Q B G
M W Q R E Q T P C H W I P E Z A P H
E W N H F M N G M S F E F G C J N Z
X B T K I N S L U A V O L I A R H G
E N F M Z Z B I R F G T D P U U G V
F E I W C W D B D R W I K O M U I H
J L R N E O Z O M A C N M O J A E M
X S F F T Q O M U D E D E K O L X Z
D G T J L R O Z H I T H O G I R E E
U L L U D A O Q B E T Q I T F S S C
M O R N N Z C D F H W X R E U H P G
X V D I Z G T K U D Z E J A T J K H
U E N T E L U B B C F M P Z A S X B
K G H J I B H X I Q E W W O Z A A L
E I R R I T A T I N G T G E R J M T
W H Q W B M O A N C K W J N L T Z C
```

46

```
P K P W O Q E B N T E C E R W R R V
G V T X F P N C F P J I M X I S K G
R S S G S A E D Q M S M F O P N Z Q
I C A E O Q S A D E K O O R C B U V
P R E G G S N S D K L Z W T G R F O
E A C I C E E A M N H I L K W E U W
X W F L M E T T V U Z K A H M B T E
I N I J E L V G N D S G I D Z J U M
Z Y T F Z D C R Z E P Z T S S W R G
F M U U O W U K E A M I N U P E I G
R P M E W O R C Z S R E A R X T S G
F M B Q A E R B A R E L T S C S I S
M N R L C I Q I I T I D S A V L I C
S T E Q K C H T N E E G B N T Z C S
I X L A Y Y A O Q C P D U Q E S P H
W Q L F T V V W P J E S B S N G R
U Q A A E M F G E H H U V O E Z I C
W X H C H X W R E L I E V E D J T L
```

47

```
R J K K X Q T S U P Z F O A W G C W
D L V F U W Q M P P R I V A T E V N
E W O P R E B T N E M T A E R T L G
T I N T E N D H Q I F H Y D N A H
A H D T G K K C X U O E F Z E J D L
C A Z N M T W F L W F B P L N W A S
I J M E B E E S A X I O M A T I C O
T A O R Z S H R A Y Z O O W K K C Z
S V P E R A Q Z M T L W G N B W C R
I S D F X E L B M I N H K K G E M O
H M A F A R B G O F J E K M M T R O
P Q E I M W F L W Y A R G V X H M M
O S R D N M R B I R C S N T B E K L
S O H B N F Y Z T N E I C N A R D J
T A T O Q H R C P C Q X B H Q E K L
I M T G W N I C Z O H X B H E A S S
A E J Z O E W P I N C H F N K L S C
F M A R G H F S W V R P T W P S D Q
```

48

```
N C L I R M E U R T T D K E O U N R
O P H M I T V V C Z U W O L J A F P
K G B M R N B C Q K X O E A W B B I
Z C I E I G H P W M R L U M N E L J
A T S N T R K W V O M L F E L L J J
A R F S H A N P W M P O G F F X E R
V A L E S P M Z X E C F C A E E S H
X S Z W H E U N D N G K T P C L U O
S U O I R A L I H T R E O W I U O O
X G A T U Q A H O D Z S R V R D R Y
L D E F H E J R K U M O R E D Q N A
I N D C R Z J N V S I B D N A R E R
G T D K J T O M C N M U T T E G M T
H F K A E N C O U R A G E R W E E I
T Z B C G J H G I S M R B A M V A T
E X N Z G A W U H O B S P D A T S R
N I Q F J C F O R X N E Z R B S Q G
F G N I K A E R B T R A E H M B L Z
```

49

```
N A B U N D A N T H T E E H V S C P
K Z J R X G E D E C S S D Q P Q A G
I V V I G F W C C X P I O E T C J M
T U U Z X S I R O I F J L M U L U S
T P K F N W A S L H G V P O Q I O B
Y I U A G Y I L H B B L X S O A W B
F R K B O N O X X N E D E R K F K Q
X E B N H R B X E J A L H K O C X E
S R Z M E C O K K O H O S E K O P B
M P A D W G S H I G F U I M B D P L
E T N G U A H R T L H R V W O E L
O O B S O L E T E O A G O Q H Q O G
W R O T A L U C L A C I O C W A C L
H Q U K Q X P B M C P H B E S M C R
R S Q J F S H P J V W D B U M P X N
S Q G F J U N K N O W N V B G X O N
B A S K E T Q J C I K L W L X Z N
X B I S H I R T S S G A Z E B J Z T
```

50

```
J T R R L M J N N G E M D G C T B J
I O U A M H P J E Q T E K N N E D L
F O R E M R E E Z R N L E I R E S U
O T L L P B D T G D E D S C W A T U
Z H N C D F U E E E I E W O H Y A Q P
Z B O C C B N N G F B D S C W A T R
S R I P L T X G C A V P M E K P G E
R U T L O M A U K T Y X K B R X N P
H S C O U Y S L W C I O Q N G C I A
E H U O D S L R L T E O V U E U D R
T X R N Y T T H Z A H F U R B F L E
O U T X D E Z Q P G R A I S O F I R
R P S X U R U W B S Y S P M H L U V
I W E C X I D F J S E N F L V E B S
C U D X E O H V J D G D E F E S R F
A R M T L U F B V X M S X E B S A H
L G H Q V S F K Q I W A W T C S I
N Z X N E S U O U N E T Q W H F X W
```

51

```
L B U P U H L S F G B Q R B K D G A
O S U W F G R A D E I S C D D E K A
V D B J A G J T Q C M B B V C T U R
W J P O J A S M E L T N E G F R F H
O J K P B R R X D L L Z K P P E V C
F S V F W C X F K J C U P S Q B
F L A K Y G O C E N O H P J I E G O
S V B N O S T A L G I C N O J D S N
G A O F B D T S U R T W G A F O U B
R Z A M C P U N I S H M E N T U P Y
P L D O M I N E E R I N G I W O P R
E K Z H Y H X E O L P L A C I D L T
I H R X E E C K A R Q C N T C N Y S
T Q D M D I L G S J D K U G F Z L U
M Z S N R S M L K O D E M D I E L D
H A D T T A F I H A B J R I C P U N
P D I U O I L K K R H C T A N S H I
M A J X G F I A R T B D R E T N I W
```

52

```
P C L X W I W E A L T H Y R B I D H
A C F U M J A G Z A Z T A T R N D M
R B A V F R U R N E M R A U M C C X
T B N U Z L O R Q G D T D N M C A S W
S L Q X B G L F G V E B J I W N Q A S
D H K C D J O O K I A F L E O I U J
B E V Z I A B Q B S R I S Q J S R U N
A H N L H R K Q J R F G F L D C E A U
L O P R A P O T M Z E A K F I E E L U
E G N O E G V T A L O C L H Q N L U
W K S X P C D W S L E C Q W S T P M
E T T N R J N P V I C T K L U C G A
J M V A S C P O D R H N T Q A A K S
T N O G H D Z U C F V A T E F N D Q
P A B I D I N G C H W G A A R L V B
J C J B U R M Y R R U F D Z I S D W
M R I I B J P I Q A T I C N K Z I A
```

53

```
P J C F V F G N I T I R W O R G E T
R T B E F C D U E I V E N O C Z A O
G P N O Z B H E N V U D R A O B A A
C G R A U P T N T G E V E G G L T
E Z I A R D I N R R K T L X S T I M
H F F O E G T A E W O D C W N D P E
V E G J F U A S S I A P E E E W L A
N Y X K N F O L A X C B M X T F D L
O A R K S P B N F C U S M I T O P I
I W H E W T T E P M A D I U I D R B
T Q B S P S U N A L Q S M N K R U P
A N T O H P J C K T O B F Z M K T Z
C R G C Y Q I M R P Z R J Q K O M W
U E G B N C L L X I T J C T R I D L
D C N F I T E Z S R A X K T U O U H
E U O Q L B P E A C V H L J S T Q H
N W B S M Z S M O A F W L T B U O D
T L D K G L S Y P P A N V E L M P P
```

53

54

```
M R H W W U D A D X B J D L Z U T V
I N V E N T I O N D K U F U D N M M
V A M R D E M O N I C W L I I W B E
J L U N C H R O O M F T S U V O S N
T Q L I G V V P Z L O T G B P I N X
K L U F R E D N O W R S T I C Z G Q
O N W F E S A H C I C L O Q R S U K
S A P D W M Q W B I W T N Z E T D N
M U R S Q V C U T V U N G E A D E U
E N L H E M T K F E X E U P T H M O
T A I I E I R W J A J T E H O A O R
F B T O O E X F T P H S G Y R L A A
Z L J N G Q C H S U P A F R M L R P
R E I N K R O D V I I F E N C O U Q
V D I E U D R A E F X X A Z G W L S
V F N E N Y D U A G U C G K L E L Q
B I R D S C F C Z X A C V X L D E S
N A F E O Q X Z L K W H K E W U W V
```

54

55

```
N O P L A N E S S D D P R K D J C Z
F O G M S B Q V C Z N O O C W T T Z
W Y I D V V O Y B N J S D A M M J O
S D T S D P C U I P H E O R A V L G
T E P K Y L A K N A S P A V R J Q N
E E I H E J P A L D R K Z E V B I N
E N P Z E L N L S M I D P Q E D W T
L Z O C X U O U Z V O N C B L E F U
U L P L G W P S U O N Q G O O D Z O
F F I T S B U V H Z T P T I U A Z U
S S E L E T S A T S A X Z R S J K R
K C U S C O E T E F A X Z I J V X J
E J U R H M A X P K C I K T P M E I
G I S C A X H Z W H I R L L N J M P
D E F Q R N F D H C E M E T E R Y F
E B N W G W G Q K B E E G B V A L X
K C L Z E G W N E H T G N E R T S O
M V D C T V Q D E H C T I P H G I H
```

55

56

```
B O I S R K Z D P L N K D P K A R I
K I T Z F N L C M Q O X J B Y C N C
P A Q T F E P X I U J J R K L B Q V
C T V U L E W H C E I I L C L K G J
I S D J X L R U M S T H G A I J R V
F U K D K I O L A T N Q T L S V Z O
Q O S I P H N K N I G J V B B G Z W
J C D A R L K N A N P F T T I B X C
W A E U I D G C G B J C Y S N D D H
I R G F H E X L A K V V S A K Q O K
A O G T T S B F L G C R M N D E U I
E V A S M I G T X S I I I V R K O X
X D R L E G E P E Y J A Z P X A L K
H I I N A N F A L D R Q R O U N E W
Z Z K I T J A D G T Z P T Q I S I L
H J L H E Z O J I N O K W A P O S P
H O X T G G L H K Q H R L C N I P A
```

56

57

```
L C L T S S O L W R W U L Z W G S I
P U E J Z J O W E P V M V B S A V A
L M B C Q V L H T P S A M W Z Z D C
H Y X O M W J I I C W P J E T R A
T N F B K B T S H S C A G K B T L L
D E D F M H H T W R Z R L C S O K W
E J E I U G Z L D M X E V A P L R L
T F S W L L R E N U I U B O M E X
E R F H S H F X A W K S T A T C A H
C E O F X L L V K W S M T H L W D L
T E V P C F J I C P L U V Y E N I T
J Z O A P L X U A U B T M O S V N H
U I C Z D I F K L S N W S U S Y G R
X N J U Q A N L B T B L S V E K M O
L G W C X R F R J F C J K C H R J A
G F W B L W S W R B O I L L W U L T
D D T E X T U R E G S O D W O M G N
H K E D F C O M M U N I C A T E B V
```

58

```
T L B O T Y C L D R E S C U E W E G
B F P E C N C I S H G L E V F I V J
S K M N I N Z R F Q A N C G V E I L
R E A H B H M I N P V W I V Z V K Q
E F E W O B B L E D I Z S V V F D R
M P E S A C U F W R E U P S I D I R
I E E D E L T T O B Q N R W S L P O
N P C C N E V O Q M E A O D X E H E
I L A H I U E N N A R X P C V R R Z
S K Q A Q F O Q M C D Q E W B E P P
C C G J H V R R H T M S R M Z N X P
E I O X D O H K R E R U T Q D J R A
N W Q N L C E S D U W W Y B C O J D
T A T O C T K X T W S K K U G Y E D
C D C E C E L B I S S I M R E P W L
Q Q I O V O R A L L E C X N J N A E
F S I G N S X N N E V E E M G D A X
G C G I J R O T T E N E X N E E R T
```

59

```
E T H I N G S E P A W C H T T C J Y
D R Z Z C H X O V F W B A N G S W R
L M I G M D C F F W S W A N O D G E
D O P F Q K E C I Z A R M D F Q H V
E T E S E X C T T S E I F D J G W O
T I N T U T R A A B H P T A C E C C
R O A Z F J E S U I K X W I S G V S
A N X Q V F S X Z R L G P Z N D H I
E D U Z C U E Q O H T A E S S G U D
H S B U R L Y W P E R I O D I C P A
D C X C L N C K E V I T C E L F E R
N R I L J Z D N C I T O X I U Q U R
I P A K A A D V I C T O R I O U S B
K E O H E H G G P H G R S Y A W N J
W S F D I S Z E V X R O F K E E P L
H U D S P N I T U L A F H G I H D I
T O W D U T O P D G X A T Z D P I A
L H Q X S C I L O H O C L A A Z O O
```

60

```
E P D V O D E L N Y F W E O O I G W
R V D S A H U G E T N T L K C N Y Y
U K I S Z G E D E T M R P A Q I R T
Q W X E X H P C D O R X N M O V E R
E T J E C A F G D N A U O P A C R R
S F R H Q E T X N S O L A N N I T I
U X P E J F D H S Q D P R K D W I F
C V G P P B H E U Y B V C K E E J I
X C E Q J X W C G N A O F E D P A C
E K F R M F E O G Z T N Q W R Y H T
C H A Q D W Z N E S H V P B I R D T
M E E K A A H D S F D E S U F N O C
Z Q F J F C N I T I A M C R R T D I
R E M D D V P T K E P Z E F A P J F
V Q S R W W F I E R N I L K R I J Q
S C J H T U V O B C P G N B O G G U
F F D B T O H N S E Q R N E H S J B
U C R F S I D V A G A B O N D K T G
```

61

```
B G P S Z V U Z F R V Q Z F K C R V
L W I C F F D N X Z K Z D P I Z L Q
U R A C Y D N I W B G O V T S O H G
N T R R R D P E L I T A L O V S Z F
M A R G Q G F S C E Q H K S X J P T
H A T T N E M E S I T R E V D A S U
D F H C L U E I M F T X M T W O I T
O L E B E R X S F F R E G T R O K V
L U D Q R M L Q A E L N O E W G P G
G T M S K S H R P L I N K X S R A V
N T D X M A F P O N A K B Q O R M B
I E H B F L I W E E R M F V A B W K
L R D W U Z E T M O W T I N Z N G N
T I H N V K H G F X X D F L A M E Q
S N G K L G F Q U H E A Q V P A M U
U G U E I R R Z K C G G H L O N N N
B V I R Q T U P F C W L Y R R E H C
R E F S U P P O R T I Z S B U L C X
```

62

```
K G S M F I E F I X Q R H N D K V J
Z A E B J U I K S E H M P M A L Q F
T S C R E A M P F T T W D W E R A R
I N O I T C E N N O C O P O G Q A M
T O P V A D D J C E L B A L I A V A
T A Z H W W G E H L S E H S B R S F
N F Y N A Z B D T X I L K A W D A F
C L A S S Y D J B A J G T C M D G A
V X T G R S W C M H Q M G N R R
Z C R P Y P M F P B E I J S D I G K
P U X I R R I I P J J H N S L M R L
A R E T K I E C L J R E U A G Z O Z
B T V S H I C W K I T E K C U B U T
A A U W K R I K O L N T U U F O N A
X I I H X M I Q L L E G R P B M D R
B N Z R J F B L D Y F L T M F W R B
L N C P X T O C L B O T N A P M A R
L D S S E Z W J M W O B Z U W C W D
```

63

```
V F T W P N O I T S E G G U S J D S
M E X E R C I S E U O J C O Q L T K
W V N N A L P I G D L T O B Q S S A
D U A R O M A T I C T U V E B Q C K
O O B K P W C A T T L E E C O J R G
C G N A E S U O T I U Q I B U Z A N
C N N S L A E K G K M M O M V G T I
B R C I H T C M X G D R F O J A C T
M K E I G S P E K I L F F V V T H A
O E A C T A I M Z E B D E S D U A L
S P A Q E A R F T Z B D R Z Q R S L
E A B R X I M U Y G G Q E D J N M I
Q F S W R H V O O L N U W P G C W T
B R J S C I H E T C L I Z Z B T K N
U J V H Y B N A T P N E W B O N E I
A Y N I T Y N E E T M E J O X N N C
E L T C B C P Q H K K Y A X N M W S
F K U H A Q W X X V P T S A H K X Q
```

64

```
Z O N E Z D G E Z S W M I Z N H E W
N K I K L D J I X Q N K D Y N O G H
A Q G P A T E P E N R G G D P I K R
C R I A H Y I S R Z O O G A P O T W
N Q W O V R I T I L H Q I O L H C T
T O O E V Q U T E O O X L R Q R G U
X T J Z X A K O L A P C S B K P W L
U S A F M L X K D N J C E Z P P W I
D V C C D H A H E L L S Z N R O L S
B U S J X A T D R S W P V E J E R T
E D G K G A C E L K I L L E K S H S
I N V K E V S I Y F Q T H C P O W T
O A Z H A O N F V W R J A S F L F J
C P C T M V T I K K R B B I A C W P
X X M B W F Y S M I L F E W O W C
F E E D R P V S Z P P L S T O R E Q
Q R I N L R P O X R D O U M J S I D
E K N F X V U H I H Q S N V W K V S
```

61 **62** **63** **64**

65

```
N L O C C U R O Z I N C H V G B Z X
M E N A L T C B C P P H K K A X M Q
F N M P K U H D N A S K C I U Q A Q
W Z O O M X V N D T Y R U B A H Z A
F J F O W U B A E P I S R I I Q O C
N O B K P J J L R P D I E P T H U J
L I C W Q S M O E U B S C R C X F D
E L G T Z B L G D R R T O O K M M T
A P Z H O M C B L P T E N T K Z E V
Z A W I T K T I I O J R D E F J D I
J O W V X U Q V W S H Q I S W B D I
B H Y R R E B V E E W R T T J N H S
F O V W T P A T B K K R E B A X P W
D W R F X U W D F A R W V R P V Q
P T M R S R G X Z H U M O R O U S D
U D J Z O I A A D R A W E R R S Z N
A F I T G W X T N E M U R T S N I X
C V I S I T K E P T K C Q U K S Z G
```

65

66

```
M J I H N N P K C A S S C E N E B H
Z Z C O M N U U H V G B Z X X M N E
L T D A J E V N E P G L F I O G W M
W J D G B V S E D F K A S X H E L J
G U J V Z E N U E E Q T B U H Z A E
P U Z Z L I N G P L R U T S E L U A
L G H A S L O C K E T S U T P I G N
C E V I T P E C E R D R T J C V H S
C U R L Y T K H O H C O P O U U Q T
X H S A A H Z E K I L A V B O G T L
J I D R C E T T Z W A X W L I D O C
H S A K N O W L E D G E A B L E P Z
F K S U W R K L I O A F V F H B C V
I O H Z Q V L P A F M W W A R T S K
J N I I T O H P T T O K P I Z U W Q
W C N H F S O U N D G T R W R O P P
R S G F U Q N T R S T B M Q L G W K
U X P Q G A W B J X D T O B R W X L
```

66

67

```
I R Z E T S A P H T O O T A N D Z S
C Z C M V V E H H R P H X O V O S I
V I U P I U P A N M E C X O Z P G L
Q P I F L C R G Z K I Q T K I D T V
H C A R E L E S S I M C U T X V A E
W B H U X A I O W B E B L E C Q S R
G W Z Z X G I V N P N E U E S F J L
C N G W T G R U X G E T D T N T M S
W V W T Z K P E O C Y H V G N I R W
I C H T F R B E C Z B G C A U S E Q
C T T A O I D I N I B I H B S V G W
K C R J V P H L N U A R X O L K A K
E E S U U X N S N X R K M A I D E E
D J L E S H A R E J C P R Z E R R R
T B D I B K M Q O K S V W L P L H A
B A A M C X E Z E C A B F H H H R U
I H B Z Z R N V L D Q M I W U V D Q
K C I R T D S R E G U L A R D L Z S
```

67

68

```
U S U L V M H H E L B A K N I H T X
O O S N D A U T F X N I U Z O W E A
P A C D H L A W T R O S T I J N G V
X K P C U L K R K L I H C O W S A Z
D T K U U J V P B C T B V H C V N O D
E F Z C F D G V G M A I R E S Q O N
J F L W V U L B O I P W F L P C L X
S A A L P T I D W S D F D O F B G D
C I Q U Q H A R M C G Z J R K I L E
J S N Z L O N H K R K B N C W G H L
W O C M M T N Z F E S P A W P F I Z
W A Q I O M Y L S A H R F D O F S Z
O S M F S A B O E N C Q B L A Q T U
E H X C V S S L K T C I Y I T Q O P
F A P U W W O J I C I O R M N Z R X
F P V A T P H R B F T A A C R L Y Q
J E R I J Q S C S M A E B L B V K W
I L R M E A S L Y N A C M N L D K Q
```

68

69

```
A N A F D O U B T F U L G T G B S F
S E Y P O L M E M O R Y M Q A E M S
I W Z E B B Z S J R M M I K N L E U
O O Z G P N K H C N E H M E X B D O
F C U M W X V Y L F S Z G Q Y A I I
T Q F F E J F B O A G E T O S T D U
N V I Q I C H F V T U Z N A G N N Q
E M O R X N I G E S I N P W E E E E
S K Z K J R P T R P A U M P W M L S
E B J R Q K M P O I D Z B T K A P B
R Q S L N Q R X W N C I O C O L S O
P K H A N O I T S E G I D Q F B C Q
M C T O S E L B A K R A M E R I Y N
D C O M P A R I S O N F W Z T B H E
I Q G D E T I C X E E F R D B E I W
T K K X H Q I I O L F U U A H U W
F X N M D L O T A W X E H D E Z X M
H B F J V R Y D A E H C A P M D E W
```

69

70

```
K E U M D R H D G N I N E D D A M B
J L C D S U O I T U A C Q J O F C M
L A P S N O R I C T U E G R W P I B
W U L T R E V O G R W R B B D I N O
F Q T R A R U M N R A W E P E I E D
D E A I P T Q V C G O W R J H M I D
T W P P K U W N U A D U L V E Q G A
V W D E X R O X R E R U P R X F H G
Z U K D A S L E L L E S P I Q X B I
L N P L R J T I C J T U P W F R O E
N U W E Q T V B H Z S C G J N A R J
I S P Z I E V E C U G W E G B E L L
X E E B R A T A E I T N D L P Y Y O
T D X I D G E H B U M M D J F Z J T
V A P J M H V M M I Q A H T P E V D
M F U J B M G A E M M I G U O Q R T
J T F C R O W D N B L E N R C V M R
L E A R T H Q U A K E F M U O Z S I
```

70

71

```
H D N N G N I N E T S I L G N P B M
O G Q J E A L O U S A Q G P E N H J
O T T R E C E I P T E T F J H R V U
P G O R G E O U S K D E N R A E L A
K B V X W E S C R M C C E N O S M F
K A V F Z D L I F J V X N H A Q A B
J U C Q T F E K D I T N C G H R E L
A C T O V Y C T S E U R U F N L C L
X Z B X J H P P A V W R Z F T P H L
E N I M A X E I O N V A Y T A H G S
I A F S B G R M C E I R L J W G E J
J P O F L X K E L A E C W K E W Z T
E N Q W P F J P K T L L S Q S Z I R
Q A T Y E N O H A C P Z Q A R I L A
E J C H Q S S W T B A B R X F A A P
P G C I L B U P X D P R O Q J R E H
F H I L J U S B Q S T Z C B X V R C
T V C G C P X E B Z Q T B L B C A A
```

71

72

```
M X L D Z H S I L I V E D J N S M Q
F F E A H Q V G D S H J K O C T O E
E T L U G V N M Q W K W B C T U Q L
C I B P B E Z A G A H J M N W P J O
Z X A I I V L F N G L S A E B E L H
H D U I I N C L T R J L D Z Q N E W
C V Q V Q N I V I U P Q Q O N D A M
T S E P S S T V J B N J M G G O T U
I E K U S X A W A B B R S T N U A B
M L D S E E M N O Y O U Z L O S L S
A B F S S Q O O R W O K W B R B L H
S I F E S C T H U R X P Q O T V S E
I S G L O L U W E F H H X O S O S T
N S F E P S A N M A N A B K F A R T
T O I M C S O Z H S O U S S P L H B
V P C O C C I D U D N P G P K D W G
P A S H H Q O P K C O V C O W O T I K K
L X C O O P E R A T I V E C R M T M
```

72

73

```
P M U P E H C N G D F B R G W I J H
A U A K C L A V U K B S O B S W F C
Y F I R R E T R D X E B A L D T A H
Q Q Q X G N J I M S U U S O K Z K Q
V U W M C Q M K U Z L F T T Z A E J
D E R O B A L O G L G P E E H X S U
H D J B H S H K I K F T D D C V U K
B T M I B P M N Z M P U F L S A A C
A D Q X R V N E R V E J U H S J R I
S E W W A S T E L B P S M E U D P S
T T C E M T X Q O M I R I G O G W Z
A G K E N R U N S V L R G L V T A H
C T P E U N B P E C M L L O W G V R
K P M R N S T W A U E S I A C A E K
Y D Q H U B O Q H K C X Q H L U S B
I D B T Q S J Y T P M E X C T Q Z U
O V C I G Q C I T O H C Y S P E Q C
T G C H P O K J M J A L S T W B D L
```

74

```
N C E O U N D S C L A A T B B R S G
B J R K R X I A I Q O T K X X E T P Z
B S M B C Q G I G W S T M W M C N E
R A J A A H I L W N I S X H O N S Z
X M Q L E S R E G G I H Q A C S D D
H T R R U Z E D H I M M C U L T L H
X Q O F N B T T N D A N A O E O E V
Z F L Q G L F V B E L N N E W I Q Z
O O M A Q I A T J U F R T I L K V N
C T A X S L C T F G L F T S L G W E
M Q N T Y E J H E X X Z O D F W B T
N U E C R H T O D E B D D I W U C T
H D H R L I T O U W T E V O S K M I
L W O O A G W L I Z M D Q Y O P I R
Q C C F W G Q R A O H V S X G R W U
J K I T F E L I E R S A P T M S N U
W V J V Q U N U B E H O R V H S Q U
N P S V X U Z T I F D I X K K A X L
```

75

```
F J T J E N O E N O G E B E O W A I
W I U I L L U S T R I O U S O S U F
A K Z L N W B K B K E E W S E A W A
X I R E E T S A U E B K J G N I G L
V A B L E N E L T K S V H Z B N L L
D E S W K J F N M R I I A O S C C L
T M Z C J P A L G E O P W A H O A U
A R M R A J M T W S E F W T G N I W
B F O U C T O L V V V M H C C N I B
L N L P D S U I P U I U P O D L S E
E E E O T O S R C F S S H S C U I K
T M T A A P U H S T A B W M A S D W
I D W P F T O F S H R Z V Q Z I I G
R I K E X T I I T G B O O C V V O Q
B O N A C L O V J U A C M V Q E U X
J M A C T I O N L O X Z N V X J S P
E F F N A C E U H S R E E I D H C
J U T T U I M P X T M N L Z O Z R N
```

76

```
P S U B R Z L I H K B D O I Z K U E
Z E E K U G A M Y H X W Q I I N G C
O I F P H G U W W A N M R H W G C X
M M O R A N O O U U N F L G P L H S
O P U B L I B R D M T P M E T T A R
U U R Z U O T K T A S W A D T E V U
N L R K S G A A D L E I B O M L U J
T S E L H E I B T E C D Q X X N Y X
A E V B R N L O S I Q D D O I D E N
I N E V J O T E O X O T D P E E E I
N O L R G F M M B A J R O X B V E L
O O C Z E F R L W E E F L H I B R N
U X I L Z T V T X O P S R O G U
S L X T N U E Q R W U N U S U A L T
M A Y D I T M A M F C K B G X X C C
W C K F J D U P S A J X A B U K E J
B P E Q L Q D T H E D X E O K P W O
Q Q R N J Z X A A E G J Q C I A J J
```

77

```
G F M X G S K P K K R A F O Z Q C L
N V T P E B E V P R R X V I D N N A
I S F B M J C C W Z X D S R D K M N
R E H E A P H N R N D Z I X C U O G
E L G P H T R C D E G P Z W Z L N U
F K N S U B O N L T E P S Q R X A
I A Z T Y N R E V I I N E R E P G
S U E A E A D T U K G V E O S E E
H H R X R G I F E D B N H E R U J Q
W J O I P A Z T R E E G I T O A W V
E R I L B C O V P L Q M P W O U L Z
N E N W N S Q L E L E H E S P I V H
E F T V D H N C K T P K R O G Q A E
C X P I X E T B S O H K G M G N W M
S L A K C R C E T N O R F O B O O P
B T O N I X Z J W E X M E R Z U S
O L Z C P Q E F R R U O A I O F S O
K W U E K K B L C P C E D D M P B L
```

78

```
L P M K F N T W A S X H T V H Z S O
B N E Q S B H I J H L Z D W A N O L X
B L R N P A O T U R M D X Z N O D A X
C J A H E S U T D E S K T I A M F
C C C T T U G Y S D R E A M A T M F
G D X I D J H U F A V E S A D I O R S
D R N W T G T Q M U E U B Z N S K S
C G M T P R F T E V U N B F T O E D
Y U F K L U W X P P M I T I I P V E
T A L F C C S Q D T K T T M S Z O T
R B U V S C T T R H A N D L E V A N
K A T V C C S E L R X O T P X C N I
C D W X E A M P S X R C Q A Z N A I
M G I T O B O T G J R F I M W V S D
T E O B L T X R T F D S H A K Y Z R
B R B E Q K W H J E X I H U X N S O
P G D H I M J N T H U E K O M S O
L L A B Y E L L O V D K G O X T C
```

79

```
K K R T T M L P S I N V O W B E D T
T X W X D O S L A P F Z S G W E Z O
G R R E D P E X G N N H L O I W G O
R G N B E E M O S J P I D H T D R
U W O F F R A M S B V Q Z V R P A J
E R M R A A M D R I S W S N E O L I
S D H B J O E T P F J W T V B T P V
O E G M C X U B Q A N N W O G Z M
M P E W I N E H W W N R I N K A R O
E E I L U F T Z O I K E A S R U F O
X N L X Y L U B T I C D T A U C R V
C D I E T A K S I R E O N N Q H J Q
U X W S T W L Z E T A M O C P U J Q
P J D T F B F P A G O U C G M I R F
S J F D G M E V H T K Q Q G D N L W
S O B F S S E L H T U R H S X U O A
W A X K Z B D G E L B A T I U S N U
N U X J F S Q P S U O L U R R A G T
```

80

```
D C Q V E P J F Q E Z S N B K Q E C
C G S D L N N M O J A I V G A S R X
G S F E D Q S Y V V E Z B R Y E R K
A X P N D J A O H I X J X N A P L O
T T H G I E T C U S P C O T J M X P
H B N I M W T C H C A N U A T A P F
E A P E D F B S E D Y R G T O G X L
R F U F U U R S M M E N T T R I G A
H C B I P D Y R O F V O B M T C K P
C A Z S N P O U E P E E P G Q W P V
K I A Q E O S L P A D F T O P M S X
O E V E O L V J I U C A U H X V B P
R I R U I S F E V Z Q H C C V L J S
P C G J R X M I F F O L T A E Q T Q
S A S D C E C N U O B G C O H O S C
T G D K L S J J E N I H W C Q O A C
E R U O L O C M I D I O T I C J T X
P I O Y L E N O L H M M T X N R O B
```

81

```
J Y H T L A E H N U L I E J Q O N U
M O V C H U J B F T Z M L B P O B H
G Q B H A N F L B J I C L H D X I
O V K I T P X D P N R N I P B R Z A
I E G L E C K R B E K H K V H I G J
T N Z L F H A M T V T E J Z E Z N J
N G U Y U A S L L R G Y X V E L R U
A E L B L J A E C M D J K H V E Y Z
I F S E J T L D U U R M O C A I H N
F U T K U A N O S G L O W R I B A Z
E L C C P E N F N U W A T W Z X T V
D G Z I T S F I V E H P T S P E V I
D L B T O J V V B B R B I I N H E A
Q P A S A E X H T I M E K S N I J J
G S X C I L H T P E V Q D M T G A P
S U O R U T N E V D A F J V U Q P R
B Z G A O G W E C N A R U S N I A Z
G D R U S B A H S D G W I K R S R A
```

81

82

```
F S V U N X R E T L E H S Y K Z F O
P A I L F B A D A U E P R D T Q W H
F E T A R R I N R A S T X R A S L E
L B G R X Z O W S Q Z I I R J T E N
N E M I D I Z J G F I T G L S P O Z
N C F P T I D N Z L A U A E E S X A
U N P C P T J G R B M D G G A S C K
P N N P Q E E P N E B N X L Z I C F
T U Y D A E L V N I A B E Z U B D E
F H V O H L N T I R Y K X E B R V K
L N B H D B I C O S E F S N D X C N
G U P A D B P T C F N O S B B O A I
N T N P Q U B K H N O E M I E W E I
I W L D D B Z E Z L O X P E T S X D
L Z B P E L B I G N A T U X L A F H
L Z Z U D Z U W J H H L D A E A S G
I B S T A I N U G C D A F L G N B L
W C D M Q F S E C R E T A R Y S I N
```

82

83

```
V D S T O V E R W B K I K N R P R I
C I N Q U I S I T I V E L R F R D H
P T O M B M N Q Z I F V Q I A O E Q
L C F O M E K R H W P I M N K D L I
U T O P F I T W A L L X L K P U L L
C K A D E A T H N S C M M Z C C A W
K N K S E X D H M M X H I F D T M U
Y E U I P O G J J S F I O N K I S R
P Q S E M P Y K O O P S U M O V A S
Y E E L M A I L B O X L C P E E R H
P L B I T O V U X U G J M K U V T C
T U D F D E A M V L E K B I H N X A
K G R N M U B M B E G I N N E R E E
R P G P E R Q T J D S A S I H R K L
A O L M K I K R U O S N H K A Q N B
V O W D I K R B A P C R E R E P A P
Y K A B F Q G F E R B A X H K S H J
G H O S P I T A B L E S W B T S E R
```

83

84

```
D C T E S T I M N T D J T Z O T C N
E L I G J K X V A V E O L T U I V R
W P W B X K I N T E L L I G E N T W
R R H C T E F Q N A I P O T U C T M
O S U W X E A W J T A W H X O D A E
T E T T M P E E D K T P J M U A S T U
E S I N G O C E R K E K K P A Z T N
T R S E R V E C Q O D U V F P Z Y R
B O E D E T S E R E T N I N U L F A
S H Q V S U O U G I B M A N G I A E
G P I H S A P P K U H P R G B N F B
Q Z K J A M W Z U E Q L N K R G S H
C A R R I A G E L K A I C Q O G O I
G R C C U S J F D A S S J N B O F C
P C J X B C I P X U M C U Z S P A P
D D O T E R A G M V Z P R O U D D G
V I P C L P T A G B U M N C E M I L
Q X W A G R E E A B L E G U M E E P
```

84

85

```
E R U S A E L P V O O S T X W T U R
S D O A X K Q Q J P B L F D E Z T N
F L R K N Y N I M T S Z E M B D L K
C B U N H Z A N R C E L V B N C W G
M G R E P T E T L U R N A U O L W Q
E D U A H I C E E R V R O T F L G P
A V R Q I R O R X R A R V C A C O I
S C I F M N W F C E N C A P P B D I
U U O S V U Y E H N T C E U H E L P
C K B U A J I R A T B T G G T N O
C W F K S V B E N N S G P E E V B N
I U A T F T E K G I B W R N L D U E
N K E W F B I X E R S M K M R G H T
C Q C S S U M C C E I G L O O J E S
T B O U N D A R Y N U I F S M S W A
I H I A I Z W O E I F F I X R S J F
N U S P Z I D D O X A M N F G C P N
D I S A G R E E A B L E O N S F F U
```

85

86

```
D I S F Z J J E R G O C U B N S G L
H R I T A E P E R N V G L C N I A B
P G A S L T Z M X I F F W R E T T U
Q V O M X W K M H S N E M R U B G P
P E E D D T M A R I E A L A E S Q D
U P M T A C I Q M N D C W T S C C E
X X O V A M I C H O L E A W A A C E
S O F B C R A C N T W A M I L O X L
M E Q A E N A G J S X S A L X Z C L
C K R D R Y P P E A N E S U C R M Y
M O D I L T N O E M Q L S X S J H
B H N I O I L R T S S E I O S P N V
D C O C J U W U C K T S V A E O X B
S P R F D J S C Z G Z S E N C I U B
I R T U S R V C D A Z E O H E L L K
C I L L U F H T U R T H J L R H Q X
W T E C E T H G U O R W R E V O A J
```

86

87

```
G F Q O C P B U H Z L V X P P K J V
W L S V G T Z B B P J V F G A V A G
L I M I T I V M Q C K R E S R E B K
B W F E R U T A M B G L N W M M K O
E G N P E R I T L W Q S I U L T E Q
Q W I Q P S S H W C U R H R E O X F
Q H A Z N T K H J O G H L F H W T G
M K L R A U I C I H C Z V I W E R B
N L P L N T T C L L A W I R A A
W C E I E B I W I L O B V C R I L S
O F M Q Q P O I U V A V I T Q N A E
R E V C S A W K S A Z T E T J G R B
B M K U F S B T O N N Q H Z U M G A
K G A W D G W H N L C D B K W A E L
D E P M U P O X E M M H W X O H L L
E B U I M I D T N E L L E C X E S E
I K R P I C R E S P O N S I B L E E
V H R A C I A L S X E I Z M V E P N
```

87

88

```
V D F Q S G N I K A T S S K V E O S
B L E S S G I R L S G K F V L C V T
O Z R C J K H T L A E H N K W N E X
M T W H O N E D C R K X N G A A H U
A G V D G R L P K Q G Z F C H C R D
E R A U R O N M K P K B I J T C O N
J C D Z C A J T X E J P T E C B N F
N M A S U X C J A Z L U V L W R I T
W W A L H X Q Q N A W F F B L S I A
A O V A L R Z S R C C F Z A V G D N
P K J F J N U U I V G Y T R M X E H
O E V I B M T G B S V Q V I M T N W
I G H T I A M M M N X L U S R I T A
N W H E N O P W C I T O X E F C X Q
T C A B B A G E Q Z F T V D R C K T
M E V E I L E B S Z I O I N S Q N R
W T I U R F V O P M V Z U U E W N K
V K E O Z P V T P N Q M I L K M O P
```

88

89

```
D Q K P D E L B A S N E P S I D Q L
T Q M O C H A N D S O M E T Q S L K
V C G N Y S Q U A C K F C K I P W L L
Z B I S R L C I B O H P Z W X A A A
T C W H G E D Z B R P H F V W D J N
E D A S N L M D K O Q N T E K X R R
P X O C A R K B I O E S S M W B E E
O I W C R Y S P A L Q O A U U W V T
W U O S D A W U A R M P W O Z I N
E C I I D T V V O E R X W B C W T I
R B T C S J I E G I L A E E T C C X
Q N A F H S H T N Q T P S Q W T N E
U T E A H Q W E F Q E I T S U L I I
G L R K X W E L V M J F R M V B T I
T Q G G M S M P C G O B B T E A S Z
L D F G N I B M N S J L W D U T N W
F A X O P M F O C H E P D W D N I N
O O S P Q S P C W I S T F U L K K L
```

90

```
L S N E X L C T I E X D I U Q I L Z
A P L A N O I T C N U F S Y D D O O
I O U B Z V H D A S H T U O M E S L
C T N H P O I N T L E S S W H M T H
E T E E W D E O P H N U S R W A S T
P E Q C V S E L U H A J C T B H K E
S D U E I T C N I S S Q A D O S Z M
N A V Y C O A O N B E X W P A P P
Q T L I M U N F L I E V R F P R W O
J U E T D C P Q D E S V M F P U N R
Q F C D Z Z J C M M O U R N S I A
V F I E L I S T E N C G L J K G G R
E B Q Z Q W K U V V R J L F N U Y
X S R E T A E W S O A H H S I X X O
X W A D P K X P Z B A V M G M S Q N
L A P J E K Q I F G M N Z B K I O
P Z S C A R C E C R C A J L G M C D
X V B O I N W E A J H H L D I Z F Q
```

91

```
D N A H D N O C E S I E J M D V I C
B C P S P X B I K F Q Y N R I C C X
E D A C G A X R S C M A C I M G B W
X T E B M Z O F F R A T G V H A J Q
Q O A U L B W F A G M V H A K C T C
S Z S R U E D O W I R S J R E R A Z
R E X S T L T E W B X O G T J E B M
A K T W C N N J T C L I O Q Z D B Z
E Q T B J Z E X A R E U F V D U W P
W U R Q M N K C D K O Z S M Y C N S
R P H F F L Z B N E K S Y H I E P O
E P I P K Z H P K O E O S L I R U O
D I U D C F M O Z C C S N A A N M R
N L T V C V A L M G A D L N A N G O
U L V G C F G D Q B Z K G T P Q A V
W Z Q O E D T C E J B O L K C U N O
L E S N G O S W K D R A I L W A Y J
M K T E R R I T O R Y Z H C T I W S
```

92

```
H C B G C G D P H E O P W G J Z Z J
T B M R F V R F S T T M I E I B H M
R B H O S Z X X R N N L U F R A E T
U P F U C D H X E H T A E R B K D X
C G M C B C I T E R R O R G R P H X
K N H N Z H D S N N T L M H D Q J
S U F Y T N B W A Z A I Y Z O S D J
J O Z P E F L O A C E S U R K I A F
V Y C P M W I K U M T C T R A B Z E
Q M W K P K N P V Y T I L Y N E O B
Q T A X T F K O J R T C O C P W Z
M Q E E P J Q R D R D I R W W U R C
A H N O T S R C I O N M T U O H L O
R P S M C M X R B W A M E K J A V U
K W C E U O C G F L X F X V S E S B
E V N F W C G Q W K X O S I M Q H
T B M X D A M A G E D U G P H R S
E S M H I R E X R R A B V L M T F L
```

93

```
U J Z C A M P E O N J H W T S M R N
I M N R S V D S H P M C Q T Q S X C
T W T N A T L U X E V K K E T M K F
L M T P O S M Z K E V I S N E P X E
T M I X M I W Z H O C M D R R Q X S
G A I I N E G R A L G F E M M O K W
C G L U X S T U R D Y D R D B R K G
U A T E K V J C E J D R J T D M U W
Z E R B C H I L D L I K E T E L O W
O C U R E I R C R D L I N A G R E X
N W A U Y V H R S G W E S A T H Y W
K Q I W K L T H Z J V U T H B A R Z
E T K N U R D V E N R R L Q M J F J
D N N E G D M X I E U E W E I U B M
B V E Q G P T G F B S L P O K E P V
T N A G O R R A O S P L N Q W Z M D
S O A E D I I U J I U U Q X N R A R
U X M D T R F J A M S P Z I Z I M A
```

94

```
E O Q B K N F D U L I J K O P R Z V
L S A D B Z W F E V C S K F A S F J
D A H O E L E G C R L S H U T A H U
D G O V E R J O Y E D A H B J T O D
U B T H J P S F K U O L K X A H V E
M J Z O B C B M I V E H C N E T N T
R I N S E L M E A A M R J V L L R N
E T A R E T I L M N S E X N E G F E
G D M Z K J I A X D H R P H L L L L
U D X P R F S N J E U A F E A G O A
M E B T I R U I P N W M L U F R W T
K R S O L T R M E L S A P O L C C J
T E B F J T C A T E K D K C N U V U X
J V M Z V B W L A S T W T E A S X Q
P O N W F K A S H S A H S C F C W E
G C I Q G F Q R M E L O G K L U X H
E N T I K S O E G V V P F M T M L D
H U T I M C I T E G R E N E M N W X
```

95

```
D I O V W L G E R N A E Q X A L A I
F F V M B U Z L Z A T N E G A M K E
H O K P R F H T O N B T S J M A S G
E B T M I E C T U S O V R Z C O U E
L F R S C S I E C C S Z C B T Z O T
R R Z D K U E S F U D Y W W W A I I
X P I C A Y U N E D E F Z A D D X S
T K H N Y O O W S Z B S V R S J O O
H S Q V Q W L T A B W D U L S E N P
L M A I N T E R R U P T V I O K B P
X E G T Z C L H D M Z D O K R C O O
H A B M E R U T C U R T S E C R V B
E A Z L G C H I C K E N S F J Q U D
R P N K M P N B E F I T T I N G S Q
H H G U A C E U Q Q L A Z P L O S B
O N O F H E L P L E S S T N I K D R
I R I N D U S T R I O U S M T X D X
W A N T I N G K H A R M O N Y L H M
```

96

```
S H J M C J V B N I N G E E X G K C
L U M G C L Z C L I B Z U L M Q T U
L K O Z Z Z D A T F V V M O O C N L
U M J R J L R K A N Q I V E D O C M R
F K X M E O G B A N U E O A F A D C
J R G A T M U H G T G O L L L A V D
Q K X S D S U Z B R Z N C C E X E U
U L A Q I S Z N E N Q Q C N N J H
G P W V C E J R L S A L H S A T T Q
P T E R R S W W I M E Z Q P F N Y T
M X E X O A K D E H O U J P H A N M
U W R I B E T R F B I R X G O N I Q
I T Z H R R O A E N T P A E B O A H
C M R U A C Z J C R Q C P P S R R C
F H J M H N S E E A S Y D E I E L R
V T R O B I R O U T E V P U C K E R U
O C H R J V P E A L U J U K E R J H
P D T Z I S P A B H J Q G W C Z G C
```

97

```
P Q Q A K Z U D I D Z O L W F R F I
Q R P A G O V E R N M E N T U H R N
H S U T N E G R E V I D H C H O N G
Q T V Z S T S A P N O X L I J O X A
R R R V T L L A M S I O U M I N O P
V O B G N I W S J M W W Q S L S M U
B U E F A S B L J K Q T S E M M S Q
P B E P T C E N A R C U U N A S A D
H L A V E R A G E A C X R S G K E V
E E A S X E K N F S X D K H N E E K
S S Q S T E P H I W B U A A M B C S
I E K V I V T D E J Z X T G H N W P
T W E Y R T H G I L F U D G B V D S
A T K T X U C E J R G E Z Y S K G S
N T Z F A G O K R B K J I H Z X U R
T B L I N S F P U M J K E S E E H C
M G J N H W L D M R A F B B K V F G
A T A G E F L M Q N F J W C W I Q G
```

97

98

```
O A W M C T H I C K R G J V V H B F
E D M C K I P M S P O N R W F O P A
E L P R U P S W N A S I K D I R T G
U F I Z F T V C F T A R E O G Z D Q
C U L D J M I X E D G U V K C E T F
R P W E R O I M A G S L Q C D W U W
B T R F E Z U G M K L L K I U G F R
I I E E M S A X U L D A S W W N V T
T G V A M P I L S G Q P Z T Q I E E
H H I T U I R J E X O T Z H N N W L
A T H E S Q P G M L K M W H P E D O
N G S D R U O A E D A M Q E Z F O I
K A I W Z A R X N T P E C C A A U V
F O E R R N T R T Z F M V J A E B L
U S C T A T I X O R X G R I M D L U
L V L A W F K F E H G U O R X R E I
L R N S A C T U A L L Y J Q E R D Q
Z J J J S T W E N Y P P A H R I A E
```

98

99

```
J E Z V G R S E T R U K N I F E G G
T F M H P M A G I C A L J P M A T S
L O O E Y T S R I H T V E G F A W K
O R M K G T N E C C A K V P T R A P
M E W J D M A W A V O B A M B S T Q
D I M S D C G E E W G V N G N H B C
Z G E T S U O D S G G N E M I J Q V
V N P K Z K V U J M X P S Q P V I O
C E D U T C R R S J R V C U B L T K
P R N U E G N R K I F W E E N H M L
A D O B M Z E I M K M A N C D D N O
N O C V H D S A B P M I T Q K H E V
D K E Z I O R D F E T M X X A J E E
I G S S E Y S H E L L G M N F Z O R
K R N S J X R W O O L D H I L Z Q
A O T O H T U A E G L S L U L K N U
C A L B K T N O I T U C E S O R P M
S T E R E O T Y P E D G O I B U K L
```

99

100

```
B O G I E B T R R M E A R L O T B O
I O D D L T I Z I S H I N E B P N R
K D W E B B A F B K K V A B X A X L
X Q Q N U R Z L I D M R O D C V P I
Z Z O U B X H C U A Q Q Z F O T S Q
C H S K R X E I A C R I M T L P F S
I K I N S H I P O J R R H S L E M Y
X C K G C T X K D J B I U E E J Y P
X Z G J X O B C K I T D C T A P S O
N M U L T I M E D I A J Z A G N T C
G Z K W A D R B R K V V G L U P E O
X D A F L O D F O O D J I Q E A R T
M L R H T C O N V I C T I O N L Y O
R T Q A V A W E L F A R E I G A Z H
I K T X L A N I M R E T M X S C A P
F E G S E Z A T K J N K J K O E Z H
U D I C T I O N A R Y J R L G A I U
I N O I T A R O L P X E K L I H H X
```

100